小学校低学年の絵の指導

指導上の疑問に答える

栗岡英之助監修　表現教育研究所編著

いもほり（1年）「見て描く絵」P.49

黎明書房

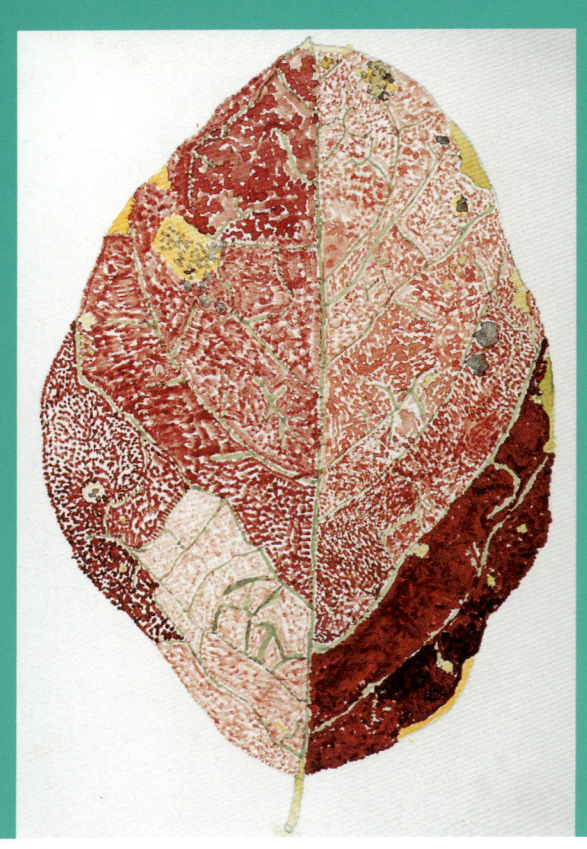
木の葉（2年）「見て描く絵」P.37

１歳のときのぼく（2年）「デザイン」P.123

落ち葉ひろい（2年）「くらしの絵」P.64

てぶくろを買いに(2年)「お話の絵」P.106

コスモス(2年)「見て描く絵」P.40

パンづくり（2年）「くらしの絵」P.71

菜の花の前で（1年）
「低学年の絵」P.26

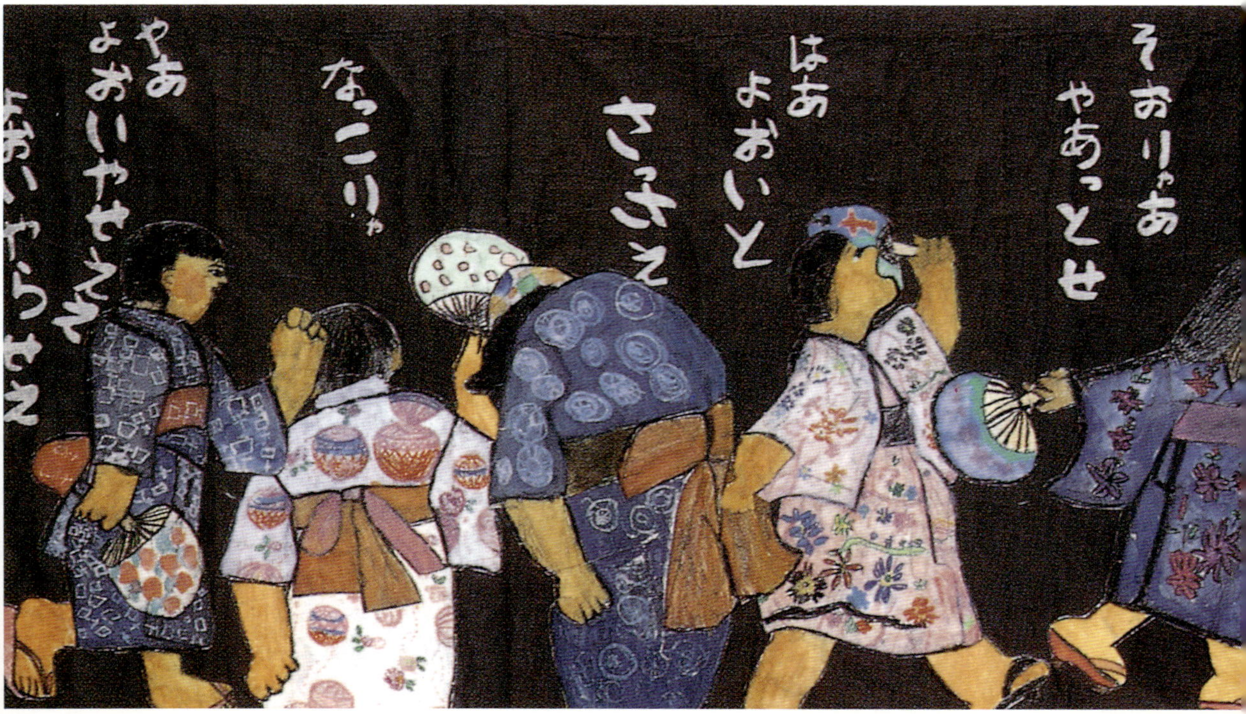

そおりゃあ　やあっとせ　はあ　よおいと　さっさえ　なっこり　やあ　よおいやせえ　よおいやらせえ

柿（2年）「見て描く絵」P.50

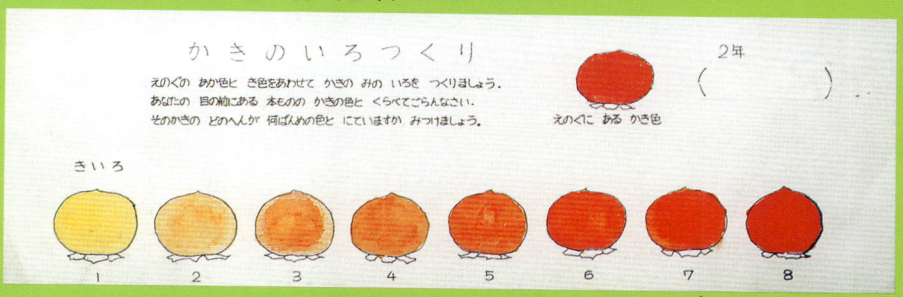

柿の色づくり（2年）
「見て描く絵」P.51

ながらおんど（2年）
「くらしの絵」P.86

じゃがいもの型押し（1年）
「版画」P.112

虫とり（2年）「低学年の絵」P.17

大きなかぶ（1年）「お話の絵」P.96

お母さんの買い物（2年）「くらしの絵」P.73

ブレーメンの音楽隊（2年）「お話の絵」P.102

版画文集の表紙（1年）「版画」P.119

組み紙（2年）「デザイン」P.134

色染め（1年）「デザイン」P.140

色紙（2年）「デザイン」P.129

新装版の発刊にあたって

　わたしたちは，これまで，長年にわたって，子どもたちの具体的な現実の生きるかたち，生活に注目し，その表現の活動について議論を重ねて考えてきました。しかし，次第に人間性が喪失していく時代のなかで，「生活」そのものが大きく歪められ，崩壊していく状況を抱えながら，未だその問題を克服する視点や方策を明確にすることができずにいます。

　とくにいま，いじめや暴力，ひきこもりなどという歪んだ子どもたちの現実は，幼い時からの子ども自身の存在感の希薄さと孤立した人間不信の深刻な心理的状況のなかから生まれたものであり，それは，生活の中の他者との距離感覚のない関係のもち方となって現われ，まるで仮想空間を生きているような正常さを欠く子どもたちの姿が目立ちます。

　ここに，現代の教育が抱えている深刻な問題があります。教育の体制が子どもを類型化した人間像でとらえ，能力主義的な視点で選別し，その体制に乗れない子どもを切り捨てていくだけのものとなって，それが子どもたちの生き方（意識や感性）を歪めてきているのです。

　このようなとき，子どもたちを人間の子どもとして人間らしく育てていこうとする教育を何としても取り戻していかねばなりません。

　わたしたちは，これまで，長年にわたって，このことを大変重要な教育の課題としてとらえ，絵を描くという美術の指導をとおして人間らしさを取り戻していくことを考え，実践してきました。

　とくにいま，今回の新装版の発刊にあたって，このことを強く訴えたいと思います。

　わたしたちは，改めて，人間が「身体を伴って生きている」存在として，その生命活動の根源である，「生活」に目をむけ，身体の配置や空間のなかで展開されている「環境世界と自己が交感する」子どもたち自身の感性的な体験世界を，絵を描き，ものをつくるという美術表現の活動と結びつけて考えていかねばなりません。

　そして，「自己が自己であることの履歴の発端となった風景や体験を，自己変容の自覚の起点としていくこと」（桑子敏雄著『感性の哲学』より）ができるような"「生活」と「表現」（美術）にかかわる活動"として「子どもの絵の指導」を考えていかねばなりません。

　"「生活」と「表現」（美術）にかかわる活動"といえば，「子ども自らが，自然や社会，人間の事実，現象のなかから，その「意味」と「美」を見つけだし，それを言語（文章）で表現することによって，自らの「思想や感情」を創りだし，その活動をとおして，さらに自分がつかみとり，心に感じ，考えたことを一つひとつ再確認していくもので

ある」という，国分一太郎の表現としての「生活つづりかた」の視点があります。わたしたちは，このような教育の視点を大切に取り組みたいものです。

『小学校低学年の絵の指導』では，人間の感性の働きを軸にして，子どもたちの具体的な現実の生きるかたち，「生活」のなかで子ども自身の「存在感」がどう創られていくのか。また，その「存在感」と深くかかわる感性的な体験（「原風景，原体験」）とは，どういうものなのか，さらに，それがどのように子ども自身のなかで記憶され，想起されていくのか，そして，その体験の記憶を想起し，表現することが子ども自身の自己発見や自己変革にどのようにつながっていくのかを，"「生活」と「表現」（美術）の活動"にかかわる実践指導の問題として取り組んできたものです。

とくに，本書では「指導上の疑問に答える」というかたちで，実際の指導実践の過程を具体的に提示して，子どもの内面世界（心），意識や感性，想像力を，どういきいきと蘇らせ，育てていくかを重視して取り組んできた指導事例です。

本書は，十年も前の実践と思われる向きもありますが，一層悪化してきている教育現場の状況からは，決して遠い過去の実践ではなく，いまなお，その実践のもつ意味や内容の大切さを痛感しています。ぜひ，本書を参考にして，これまでの指導実践を見直し，取り組んでもらえればと思います。

"どうすればよい絵を描かせることができるか"というようなマニュアル本が氾濫する昨今，本書を手にしてくれる教師がどれだけいるか，不安な思いを抱えてきたのですが，このような時代だからこそ，その内容の必然性を汲み取り，本書の新装版の発刊を企画していただいた黎明書房に心からの敬意を表するとともに，深く感謝いたしております。

改めて，本書の新装版を発刊していただいた黎明書房の武馬社長ならびに編集部次長斎藤様に厚く御礼申し上げます。

2007年10月　　　　深田岩男

はじめに

―私たちが描くこと，つくることで大切にしたいと考えてきた指導のポイント―

○子どもたちは，今

「最近の子どもは絵を描く気力がない」「絵にも，いきいきしたものが見られない」などといわれているのをよく耳にします。

たしかに，子どもたちの気力のない姿や概念的な絵が多くなったように思います。

これは，単に図工科にかぎっての問題ではなく，子どもたちの学ぶことすべてにかかわっているように思われます。別な視点から見れば，それは，考えたり想像したりすることにあまり意欲を示さなくなったということでもあるといえます。

子どもたちは今，ひすたらに与えられた課題の処理と，その知識の蓄積に追い立てられ，本当の自分自身の体と心でものごとに立ち向かい，つかみとっていく子ども本来の姿から遠ざかってしまっていることとも，それは深く関連しています。

実際に，子どもたちの思考や想像に向かっていく意欲や姿勢は，幼児期から年齢を重ねるにしたがって退化していっているようなところが見られます。

私たちは，この思考や想像のたしかさと豊かさを取りもどしていくことを何よりも重視した指導を，と考えています。

○想像力の豊かさと人間らしい心を

この思考や想像のたしかさ・豊かさは，人間本来の豊かな身体感覚と人間らしい心（精神）を，図工科の活動を通して取りもどしていくことを大切にすることであり，低学年期の指導は，その意味で大変重要なものと考えています。

絵は本来，内容（何を描くか）があって形式（どう描くか）が考えられ，"絵画"という一つの作品が生みだされていくものです。子どもの絵の場合も同様です。

私たちが重視しようとしているのは，この内容にかかわる指導です。今の図工科教育が単なる造形能力の指導に終始しているのに対して，その造形活動を生みだしていく子どもたちの想像活動にもっと焦点を当てた指導が大切なのだと考えています。

子どもたちの想像の世界は，日常，直接的に，あるいは間接的に体験する体験の積み重ねの中でかたちづくられていくものです。それは，子どもが何かのできごとに直面したときに，どのような態度をとるかというようなものの見方・考え方のようなものです。

子どもたち一人ひとりが"何を描くか"表現の内容を決めるのは，それぞれの体験に基づく"実感"から生みだされる想像によるものです。

それはまた，想像が安易な空想の世界にひたりこむ想像──ではなく，子どもたちそれぞれが具体的な現実と，どのように向き合い，それをどのように受けとめて生きているかという現実に対する向き合い方の中から生まれるものでもあります。

実感に基づく表現（想像）とは，このような現実と向き合う子どもの向き合い方（生き方）であり，それを引きだし，育てていく指導が今，ことに大切なものになってきています。

○本書の意図，扱い方のポイント

　本書では，具体的な設問内容にそって，実際の指導事例を指導案の形式で提示し，その学習活動を支える意図や考え方，とらえ方を記述したいと考えてきました。

　この指導で何が大切なのか，それはどうしてなのか，どんなことに配慮したいのかなどを，具体的に示したいと考えたからです。なぜなら，それは単なる造形的な能力の指導ではなく，描き，つくることで，子どもたち一人ひとりが人間的な真実を発見し，つかみとっていく"生き方の教育"としての側面を重視したいからです。

　しかし，反面，それはどこまでも図工科という造形にかかわる活動です。ここでは描く，つくるという造形活動にしぼって領域を設定し，その領域の造形的な特性にそった手段や方法を，表現の内容を支える想像活動とからめて深め，広げていくことを大切にしたいと考えてきたわけです。

　「低学年の絵」では，低学年という段階での図工科全般にかかわる疑問点に答えるという形式で，子どもをどうとらえ，図工科をどう考えるかを提示しようとしてきました。

　「見て描く絵」では，観察するということを中心に，ものそのものを確かにとらえる目と手と，その心を育てていくことを。

　「くらしの絵」では，日常の具体的な生活体験を，描くことを通してイメージ化し，その体験を自分なりに吟味していく活動として重視し，生きることの実感を深めさせていくことを。

　「お話の絵」では，子どもが日常的に体験することのない世界の体験（間接的体験）を自らの実体験と結び合わせ，描きながらイメージ化し，そのことを通して人間や真実の発見を。

　「版画」では，ものの形を構造的に分析したり組み合わせたりしながら，多様なイメージと，より細やかな表現力を，その表現内容と結び合わせて育てていくことを。

　「デザイン」では，日常的なくらしの中の形や色の組み合わせや，その操作を通して装飾化し，それをまた生活化していく目と手と，その心を育てていくことを。

　というように，それぞれの領域の特性にそった主要な方向に基づいて，各題材の意図や考え方，そして実際的な指導事例を提示してきました。

　とくに，お話やくらしの絵では，どう表わすかの問題は，子どもなりの表わし方に任せ，子どもなりの工夫に期待するように扱うことを原則としています。

　それは，子どもたち一人ひとりの内容世界の充実した主体的な表現の活動として展開されることを願うからです。

　願わくばここに提示しました指導事例を，単なるマニアルとして扱うのではなく，これを土台とした先生方の創造的な取り組みを心より期待いたします。

深田岩男

もくじ

はじめに──私たちが描くこと，つくることで大切にしたいと考えてきた指導のポイント
　　　　　　　　　　　　　　　　　　　　　　　　　　　　　　　　　　……　1

低学年の絵

1. のびのびした絵，いきいきした絵などといいますが，それは，どんな絵のことか具体的に説明してください。……　10
2. 図工科も他教科と同じように教科書通りの題材や教材で授業をしてしまいますが，それでよいのでしょうか。また教科書をどう扱っていけばよいのでしょうか。……　12
3. 教科書の内容には，デザインや工作のような造形遊びが多いように思いますが，それはどうしてでしょうか。また，それで子どもの豊かな心が育つのでしょうか。……　14
4. 低学年の学級づくりに，図工科の活動を活かしたいと思いますが，その際，どのような題材で，どのように指導を展開すればよいでしょうか。……　16
5. 子どもの絵は，イメージをふくらませる指導が大切だといわれるのですが，それはどのような指導なのでしょうか，その指導の手立てとポイントを教えてください。……　18
6. 低学年では，描いたりつくったりして遊ぶ"造形遊び"が，子どもの表現力を育てるのだといわれますが，本当にそうなのでしょうか。……　21
7. 絵の具を使って，初めて絵を描かせようと思います。筆やパレットの使い方を教えてください。また，どのように指導を展開すればよいでしょうか。……　23
8. 題材によって，鉛筆やクレヨン，パスなど，描く材料を変える必要はあるのでしょうか。……　25
9. 学期末になると子どもの絵の評価をしなければなりません。その時の子どもの絵の見方と扱い方を教えてください。……　27
10. 児童画のコンクールや展覧会に入賞するような絵は，どのように指導されたものなのでしょうか。よい指導法があれば教えてください。……　29

見て描く絵

1. 低学年の見て描く絵の題材に，どのようなものがありますか。その選び方と指導法を教えてください。　……　32
2. 教科書では，ほとんど見て描く絵とか，観察して描く絵の教材がありません。低学年ではそれは必要のないものなのでしょうか。　……　34
3. 見て描く絵を生活科の中の自然観察の活動と結びつけて扱いたいと思うのですが，どのように扱えばよいのか，その手順と方法を教えてください。　……　37
4. 低学年の子に，季節の草花を見て描かせたいと思います。どんな草花を，どのように描かせればよいのでしょうか。また，彩色の指導はどのようにすればよいでしょうか。　……　40
5. 小動物を描かせたいのですが，動いてしまいます。生きものを見て描くときの指導のポイントを教えてください。　……　42
6. 見て描く絵を，筆で描かせたいと思うのですが，それには，どのようなものを取り上げ，どのように描かせればよいのでしょうか。　……　44
7. 「なわとびをする友だち」を見て描かせたら，友だちの動きのある形が描けない子が多いように思います。どのように指導したらよいのでしょうか。　……　46
8. 野菜を見て描かせたいと思います。どのように見させ，どのように描かせればよいでしょうか。その指導の手順を教えてください。　……　48
9. 彩色の指導として秋のくだものを見て描かせたいと思います。どんなくだものを，どのように描かせればよいのでしょうか。その彩色指導のポイントを教えてください。　……　50
10. 先生を見て描く時，「よく見なさい」というのに，ほとんど見ないで描いてしまいます。どのように見させ，描かせればよいのでしょうか。その指導法を教えてください。　……　52
11. 魚の干物を見て描かせたいと思います。低学年の子には，どんな魚の干物を取り上げればよいのでしょうか。また，その場合の指導のポイントを教えてください。　……　55
12. 校庭の木を見て描かせたいと思います。どのようなことに気をつけて描かせればよいのでしょうか。その指導のポイントを教えてください。　……　57

もくじ

くらしの絵

1. くらし（生活）の絵を描かせようと思います。くらしをどのようにとらえ，どのような題材で描かせればよいのでしょうか。その指導のポイントを教えてください。 …… 60
2. 低学年の「絵日記」指導は大切なように思いますが，子どもたちの描く「絵日記」をどのようにとらえ，どのように指導すればよいのか教えてください。 …… 63
3. 子どもが描く「絵日記」は，一人ひとりが違う内容を描くので，一斉に指導するのはむずかしくなります。どのように扱えばよいのでしょうか。 …… 65
4. 入学初期の子どもに「学校であったこと」を絵に描かせてみようと思います。どのように指導すればよいでしょうか。 …… 68
5. くらしの絵を描くとき，生活科と合科的に扱えばよいと思いますが，具体的にその指導のポイントを教えてください。 …… 70
6. 子どもたちの"くらしの伝え合い"を生活科の学習と結びつけて扱いたいと思います。その指導の手立てやポイントを教えてください。 …… 72
7. 生活科の内容を，絵画表現として扱いたいと思います。どのような表現形式で，どのように展開すればよいでしょうか。 …… 74
8. 低学年では，子どもの描いた絵について，子ども自身の話を聞き取ることが大切だといわれますが，どうしてでしょうか。また，その方法を教えてください。 …… 76
9. 子どもたちが見聞きしたくらしの中のできごとを，いきいきと描くようにするには，どのような働きかけや動機づけをすればよいのでしょうか。 …… 78
10. 子どもたちに，くらしの中のできごとを描かせると，そのできごとの説明をしようとして描く子が多いように思います。どのように指導すればよいでしょうか。 …… 81
11. 子どもたちが心を踊らせて経験する学校の行事を取り上げて絵を描かせたいと思います。どのように扱えば，いきいきと描くことができるのでしょうか。 …… 83
12. どの子もが経験する町（村）のお祭りや行事を絵に描かせようと思います。どのように扱えば，いきいきと描くことができるのでしょうか。 …… 86

お話の絵

1. 低学年で取り上げたいお話の絵の題材を，どのように選び出せばよいのでしょうか。その選び方の視点と指導のポイントを教えてください。 …… 90

② 子どもの描く絵は, どれもみな「空想画」なのだといわれていますが, 子どもが描くお話の絵も「空想画」なのでしょうか。 …… 93

③ 教科書では, お話の内容を描くよりも, お話の, そのあとどうなったかを子どもたちに想像して描かせるような扱い方が多いように思います。それでよいのでしょうか。 …… 95

④ 低学年の子の描くお話の絵は, 何を描いているのか, わかりにくいようなことがよくあります。どうしてなのか, また, どのように指導すればよいのか教えてください。 …… 97

⑤ 低学年の子どもは, お話の"なりゆき"にこだわる子が多く, お話の中のいくつもの場面を描きたがります。このような描き方はいけないのでしょうか。 …… 99

⑥ 1枚の絵ではなく, お話の流れにそって描くような絵の指導もあってもよいと思いますが, その場合, どのように指導すればよいのか, その手順を教えてください。 …… 101

⑦ 子どもたちは, よく, 教科書のお話のさし絵や絵本の絵をまねて描こうとします。さし絵や絵本の絵はどう扱えばよいでしょうか。 …… 103

⑧ 友だちの絵を鑑賞するとき, どのように扱っていけばよいのかわかりません。絵を見て話し合うときの具体的な方法を教えてください。 …… 105

⑨ 絵本を見せると, 子どもは語りの文を読まずに, 絵だけを見て終わってしまいます。絵本の鑑賞のし方を具体的に教えてください。 …… 107

版 画

① 低学年でつくる版画には, どんなものがあり, どのようにつくらせたらよいでしょうか。その指導の手順や方法を教えてください。 …… 110

② 低学年では, 型押しやこすり出しから紙版画に入っていくとよいといわれますが, それはどうしてでしょうか。そのわけと指導の手順を教えてください。 …… 112

③ 低学年で紙版画の版のつくり方がわからない子が意外に多いように思います。紙版画のしくみや構造の特徴をわからせるポイントを教えてください。 …… 113

④ 子どもたちに"横から見た友だち"を紙の版につくらせたら, 顔や体を正面向きにつくってしまいます。どう指導したらよいのか, そのポイントを教えてください。 …… 114

⑤ 紙版画に使う紙を画用紙だけでなく, 他のものも使わせてみようと思います。どんな紙を選び, どんな配慮をする必要がありますか。 …… 116

6 低学年の版画教材は，その扱い方によって，単なる遊びのような活動になってしまいます。どのような扱い方をすればよいのでしょうか。 …… 117

7 版画をカレンダーづくりと結びつけて扱いたいと思います。どのような内容のものをどのように指導すればよいのか，その手順と方法を教えてください。 …… 119

デザイン

1 低学年のデザイン学習を取り上げるとき，どのような視点で，どのような内容を組み立てればよいのでしょうか。その手順と方法を教えてください。 …… 122

2 教科書では，"飾って遊ぶ"ような活動が多いのですが，子どもたちは，遊ぶだけに終わっているように思います。それでよいのでしょうか。 …… 124

3 地面に絵を描いたり，石（おはじき）や貝がらを並べて遊んだことを，もようづくりに発展させたいと思います。どのように展開していったらよいでしょうか。 …… 126

4 低学年の色水遊びを発展させることのできるような指導例があれば教えてください。また，その指導の手順も教えてください。 …… 128

5 子どもの興味を引きつけていくもようづくりに，子どもたちの身近な自然のものを使えばよいと思います。その扱い方や指導方法を教えてください。 …… 131

6 両面カラー紙や色紙を使って，低学年の子どもにもできる組み紙のもようづくりについて，その手順や方法を教えてください。 …… 134

7 デザイン指導で，型押し遊び，折り染め遊びなどをさせるだけでなく，それを飾りに使って，何かをつくらせたいと思います。どのように指導すればよろしいでしょうか。 …… 138

8 子どもにもできる"色染め"をさせてみたいと思います。何をどのようなもので，どのように扱い指導すればよいのでしょうか。 …… 140

低学年の絵

にわとり（2年）P.25

菜の花の前で（2年）P.26

> **1** のびのびした絵，いきいきした絵などといいますが，それは，どんな絵のことか具体的に説明してください。

1　「のびのび，いきいき」のいわれ

「のびのびと描く」だとか，「いきいきとした絵」などということばがさかんに使われ出したのは，戦後間もなくの頃でした。

今から50年以上も前のことです。

敗戦によってもたらされたアメリカからの新教育。それに呼応して起こった創造美育の美術教育運動の中からでした。

戦後の日本では，これまでの教育を軍国主義的国家主義によるものとして全面的に否定して，新しい民主主義の教育を打ち立てようとしたわけです。

ところが，その民主主義も本当に人々の自由を保障する人間の解放ではありませんでした。

創造美育の運動も，子どもたちのあらゆる抑圧からの解放をうたいながら，実質的には心理的な抑圧からの解放に力をそそぐだけの美術教育に流れてしまっていました。

つまり，"のびのびと表現できないのは子どもたちの心を抑えつけているものを取り払うことができていないからなのだ"といい，"心のわだかまりを取り除いてやれば子どもはいきいきと表現するものだ"という子どもの心理的な面からの心の解放に重点を置いたものでした。

一方，この創美の運動に対して，これを批判する教育運動がありました。生活綴方の教育運動です。

子どもの抑圧からの解放は"心理的な心の解放だけでなく，歴史や社会の中で抑圧されている人間の解放こそ大切なのだ"という主張でした。つまり，人間が実際の生活の中で気づいていく矛盾や問題，喜怒哀楽の心の動きを，人間らしい素直な目でとらえ，表現していくことが，いきいきとした表現なのだという批判でした。

そして，やがて，この創造美育のとらえ方は国の定める指導要領，図画工作の基本的なとらえ方に反映され，図画工作教育を方向づけるものとなったのです。

この"いきいき・のびのび"ということばのもつ意味は，「欲求不満の解消」「情緒の安定を図る」という方向に向かうためのものとして，さかんに使われたことばであったわけです。

2　表現の"形"と"こころ"

いうまでもなく，絵は形や色に表されるものです。しかし，大切なのは，その形や色に込められている描き手の思いや意図が，絵を見る者の心に，何を語りかけてくるかにあるということです。

ことに，子どもの場合，目（ものを見る目）や手（技術）の働きは未熟です。この未熟さこそが創造的なのだという人もいますが，この未熟さのゆえに，自分の目と手をコントロールできずにいるというのが順当なところなのです。

大切なのは，どれほどに，子どもの心の高まりが，素直に，いきいきと語られているかなのです。

子どもの描く絵が，大きな紙に勢いよく描かれていれば，のびのびした絵だとは限りません。時には，ただの荒っぽい粗雑な絵にすぎないものもあります。ものの形や色が巧みに描かれていても，いきいきと描かれた絵だとはいえません。

下の絵のように，形にならないような絵でも，のびやかでいきいきしたものがあります。また，大きな画用紙に，こじんまりと小さく描かれた絵でも，子どものこまやかな心の息吹が，いきいきと伝わってくる絵もあるのです。

3　素直な目と心で描く

下の絵は，4歳の幼児が描いた"うさぎ"の絵です。

幼稚園で飼っているうさぎが赤ちゃんを産みました。その赤ちゃんうさぎをみんなで見にいって，教室に帰り描いたものです。

左の絵は，赤ちゃんうさぎを"だっこ"して触ったうさぎの"ふぁー"とした毛の感じを描こうとしてパスで描いたものです。

形としては，うさぎの形に見えませんが，あの柔らかい"ふぁー"とした触覚をけんめいに描こうとしています。

この絵のように，形としてのまとまりはなくても，触覚を通しての実感を描こうとする，いきいきとした子どもの心の動きが感じられます。

右の子の絵は，同じように赤ちゃんうさぎを見にいって描いたものですが，この子は，"ふぁー"とした毛の感触ではなく，うさぎを親と子のほのぼのとした姿として描いています。

子どもとお母さんの日頃のかかわりを通して育まれてきた"暖かな親子の関係"が，この絵の中に，素直に反映されています。

このように，子どもが描く絵に必要なのは，自分をコントロールできないままに勢いよく描く"のびやかさ"ではなく，子どもなりに体験する日々の生活の中の具体的な実感を，素直な目と心でとらえ，描くことなのです。

（深田岩男）

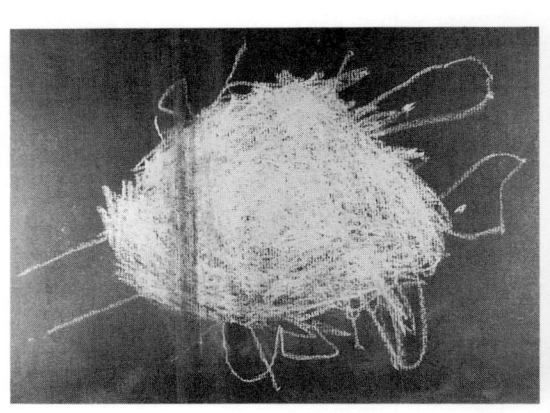

うさぎ・毛（4歳）

うさぎ・親子（4歳）

② 図工科も他教科と同じように教科書通りの題材や教材で授業をしてしまいますが、それでよいのでしょうか。また教科書をどう扱っていけばよいのでしょうか。

1　学習指導要領図画工作科の基本的考え方

教科書はいうまでもなく、各社多少の力点の差こそあれ、学習指導要領に則してその内容をつくっています。

指導要領を解説した「小学校指導書図画工作編」によると、その趣旨として「手を働かせた創造活動の喜びを味わわせることを一層重視する」とし、「一人一人の児童が進んで活動するようにするとともに、自分の思いと方法で手を働かせてつくりだす喜びを十分に味わわせ、……」と述べられています。

また造形的活動を、「絵や立体に表す心情性の強い表現活動」と「つくりたいものを思いついたりして、思いのままに造形活動をする」に大別し、後者をその中心的な活動として奨励しています。そして具体的には、「想像力を働かせるとともに、手を働かせ工夫してつくる工作的な内容の指導の充実が図られるように、それに配当する授業時数が各学年の2分の1を下らないようにする」と明示しています。ですから各社の教科書は、造形遊び・工作の頁が圧倒的に多くなっているのです。

2　教科書はひとつの目安

「つくりたいものを思いついたりして、思いのままに造形活動をする」という考え方は、基本的には教師は教えてはいけないということであり、子どもの自由な思いのもとに奇抜な発想や思いつきを求めるということになります。

しかし、はたして奇抜な発想や思いつきを求めるのでよいのでしょうか。

子どもを自由にするというのはよいことだと思いますが、何を学び、何を自分の力として育んでいくのかがはっきりしません。

工作重視で、材料の準備や扱い、用具の技術習得、成熟に時間がとられ、絵は1年に2〜3枚しか描かせられないという問題も起こっています。そうなれば図工の時間は、ただの忙しい仕事にすぎないものとなってしまうでしょう。

またこれまで子どもの絵は情緒的な側面からとらえられることも多くありましたが、本来、絵を描く活動は子どもの現実の生活を見つめ、興味・関心をもとに自分の目を通して見たこと感じたことを表現し、自分自身やまわりの世界への認識を深めていく活動です。しっかり現実を見つめ、地に足をつけた豊かな人間としての成長は、奇抜な発想や思いつきからは生まれません。

ですから教科書はあくまでもひとつの目安とすべきです。子どもたちの生活の現実をふまえ、確かな力と豊かな感性を獲得させるために、教師自身が目の前の子どもを通して、目標、教材、手だてを吟味し、創造していくことが大切であると思います。

3 自由な表現を保障するために

(1) 開かれた学級であること

子どもたちがいきいきとのびやかな表現活動ができるためには，図工の時間だけにそれを求めていても成り立って行かないものです。

ふだんの学級が開かれたものになっていなくてはなりません。

開かれた学級というのは，教師と子ども，子どもと子どもが相互に，お互いの思いや考えに関心をもち，感じたことや発見したことに共感し，認め合える学級であり，安心して自分を出し合える集団であることです。そこに自由な表現が生まれます。

自由な表現といっても，奇抜さや思いつきを指しているのではありません。時には思い悩んだり，横道にそれたり，来た道を引き返したり，苦しい思いをしたり，感動したり，すばらしい発見をしたりの過程そのものが表現という行為ではないでしょうか。それを包み，保障するのが開かれた学級です。

(2) 生活全般の中に美術教育を！

教科書を見ると「こんなことあったよ」「見つけた見つけた」「友だちと遊んだ」などの題材も出ています。

子どもたちの生活は遊びが中心です。何に関心をもち，興味を覚えているのか，いっぱい話したい内容をもっていると思います。だから子どもと十分対話する時間をもちましょう。遊びひとつにしても「今どんなことして遊んでるの？」「どうやって遊ぶの？」「どこで遊ぶの？」と聞き上手になって対話します。自然や社会，家庭，友だち，遊び，生活全般で感動し，認識したことを掘り起こすように心掛けます。

(3) 表現から読み取り，援助する

教師が課題を出して描いたものでも，自由題であっても，読み取るというのが基本です。

「ここの海の色が感じがよく出ているね」「この表し方は君独特でおもしろいよ」と一人ひとりの子の独自の感じ方や表現を見つけ，共感するのがよいと思います。

表現にこまったり行きづまったときも，すぐに解答をあたえるのではなく，共に考え，最終的に子どもたち自身で解決を図ります。

(4) 時間と環境

学校では時間割があり，もう少し続けたいと思ってもできないことが多くあります。やむを得ないこともありますが，学級担任の裁量である程度自由がきくときは，ゆったりと，一人ひとりのリズムで活動ができるよう工夫しましょう。

材料や用具も多様に準備します。

紙も一様な大きさでなく，色も質もいろいろなものを用意し，描画材も水彩，コンテ，カラーペン，クレヨン，パスなどが自由に使えるとよいと思います。

(5) 展示や評価

描いた後や途中でも自由に展示して眺め考えられるような場所やイーゼルなども用意しましょう。

また個々の表現の中の思いをよく読み取り励ますことが大切です。　　　（加藤克弘）

> ③ 教科書の内容には，デザインや工作のような造形遊びが多いように思いますが，それはどうしてでしょうか。また，それで子どもの豊かな心が育つのでしょうか。

1 造形遊びとは

「造形遊び」ということがいわれ出したのは，ここ数年来のことです。

この「造形遊び」は，子どもの「学力」が問題になり出したことと関連して，つくり出された活動領域のように思います。

一見，「学力」と「造形遊び」とは何の関連もないように見えますが，「造形能力」と「学力」という内容を結び合わせてみると，その関係が見えてきます。

戦後に始まるわが国の教育改革は，当初，子どもの経験を重視する個人主義的な自由主義の立場からのものでした。この頃の図画教育は「自由にのびのびと……」という子どもの心理的な解放を主眼とした創造美育の運動がさかんでした。

その後，経済の高度成長を迎える頃に「人的能力の開発」が経済界から求められ，子どもの「学力」が問題視されるようになるのですが，この「学力」の問題は，もう一方で「教科論」の問題として民間教育研究運動の中から提起されてきていました。

美術教育では，美術という領域独自の教育内容が議論されてきました。

つまり，美術教育は，美術を通しての教育だけでなく，美術そのものの教育も重要なのではないかということです。

しかし，一方，体制（文部省）は，従来の"情緒の安定を図る"という欲求不満の解消のための図工科というとらえ方の姿勢をくずすことなく，新しい時代の流れにそった能力主義的な造形教育を考えるようになっていきました。それが"造形能力を育てる"という視点から，子どもの自然発生的な遊びと結びつけた造形活動であったわけです。教科の独自性を「造形」として位置づけ，その能力を高めることが図工科の「学力」なのだというわけです。

この造形能力を育てるというのは，明治の終わり頃の教科書，新定画帖のような美術としての描写力を育てる手順を正しく組み立てなければなりません。しかし，これは本来の"いきいきのびのび"の立場と逆の方向に向かうことになります。そこで，造形能力をデザインや工作的な"ものづくり"のアイデアと技能教育に主眼を置いたものとしてとらえ，その要素となる形や色，空間や量感，質感などを経験的に遊びの中に組みこんだ"造形遊び"が考えられたと見ることができます。それが，現代感覚的な造形能力を育てる"造形遊び"です。

2 造形遊びと新しい学力観

ある教科書では，図工科の新しい学力というのをつぎのようにとらえています。

学習指導要領，図工科の目標が「表現及び鑑賞の活動をとおして，造形的な創造活動の基礎的な能力を育てるとともに，表現の喜びを味わわせ，豊かな情操を養う」と設定されていることに対して，図工科の特性は「子どもたちが自分の思いや意図をもって，造形あそびをしたり，絵や立体に表わしたり，つくりたいものをつくるなどの

活動をとおして，（略）造形的思考や判断，創造的な技能を発揮する教科」で「造形的な創造活動を行うための基礎となる能力を身につけ（略）」ることだとし，その一方で，「子どもたちが自分の心を全開にして形や色を思いのままに駆使し，表現や製作に取りくむ自由さ」を大事にするのだと述べています。

つまり，基礎や能力は，生活科の学習ではなく図工科の学習なのだから，造形としての基礎であり能力なのだというわけです。

ところが，その図工科の学力は，造形能力を身につけることではなく，"情意面の学力""思考力・判断力の認知的学力""精神運動的学力"なのだといい，それは「思いのままに表現する自由さ」によって育つのだと述べています。

このような「学力」が本当にあるのかどうかもよくわかりませんが，少なくとも，芸術としての造形の教育という視点もなければ，子どもの内面（心）の育ちにかかわる教育の視点も，あやふやなものでしかありません。

3 造形遊びの中味

1年生用の教科書の頁を開いてみると，示されている題材が全部でおよそ25例あります。その中で，"造形遊び"としてあげられているのが6例あり，"つくりたいものをつくる"活動としてあげているのが9例。他には，これらの活動と重ねあわせて"絵や立体に表わす""鑑賞"教材2例という内容の設定になっています。

この題材配列だけ見ても，そのほとんどが，子どもの喜びそうな"遊び"を主にしたものばかりです。

たとえば，「かぜやすなとなかよし」という題材は，新聞紙やビニル袋などを細長く切って，ひもに結びつけ，それを運動場の高い所に引っ張って，紙やビニルが風にひらめくようにするという内容のものです。「どんな材料がヒラヒラするかな」「どんな風にヒラヒラするのかな」と問いかけの文が書かれています。これが「材料の活用」という造形的な大事な視点で，素材と風の関係を経験的に学び楽しませようとするものなのです。

これは，「材料の形や色のおもしろさを見つけ，いろいろ思いつくものを表わしたり，つくったりする」活動で"造形遊び"の主要な活動内容なのです。

つまり，初めに素材となるものがあり，それをどのように操作するかが活動の内容となるわけで，それは，あたえられたものを操作する能力の指導でしかないといえます。

これは，アイデアと技能をみがく実用第一の教育で，いまの情報化社会に見合うデザイン，工作教育の主要な方向です。

そこには，生活の具体的な"もの"や"こと"とのかかわりの中で生きている子どもの姿はなく，芸術としての美術や人間らしさの追求に向かう教育の方向も見ることはできません。

（深田岩男）

> ④ 低学年の学級づくりに，図工科の活動を活かしたいと思いますが，その際，どのような題材で，どのように指導を展開すればよいでしょうか。

1 絵や粘土を見せながら，語りかける

① 友だちのことや家族のこと，学校でのできごとや放課後の遊びなど，先生やクラスの友だちに知らせたいことを絵日記に描いて，絵を見せながら，クラスの友だちに語りかけます。

…『くらしのたより』

② 授業の中で，散歩に行ったときに見つけたことや，見学のまとめ，放課後の家や地域で発見したことを詳しく観察し，絵と文でみんなに知らせます。

…『しぜんのたより』

『くらしのたより』と『しぜんのたより』はどちらも絵日記形式で時にはOHPなどを使って映像化し，みんなに見せながら自分の生活を語り，互いの生活の伝え合いをさせます。

③ 『生活粘土だより』は絵日記の絵の部分を油粘土で立体的に表現させます。絵より具体的でリアルに思い起こさせる粘土作品を見せながら自分の生活を語り話し合っていくようにします。

描いた絵や粘土作品と文で，お互いの生活を知り，お互いの思いや感じ方を交流することができます。自分の生活を語り，友だちの生活を知ることは，個人主義的な傾向の強い現代の子どもには，とても大切なことではないでしょうか。

描きながら深めていく学級の集団づくりを目指したいものです。

2 2人で描く絵と文

2人でしたことは2人で対談形式で作文に書き，絵は1枚の紙に2人で交替にモデルになりあって描いていきます。2人ペアで取り組んだことを絵の題材にしていきます。たとえば，なわとび・手遊び・馬跳び・ジャンケン・虫とりなど2人で協力して，楽しく遊んだこと，学んだことすべてが，絵の題材になります。交替で相手を描き，背景は相談しながら描きます。共同作業が

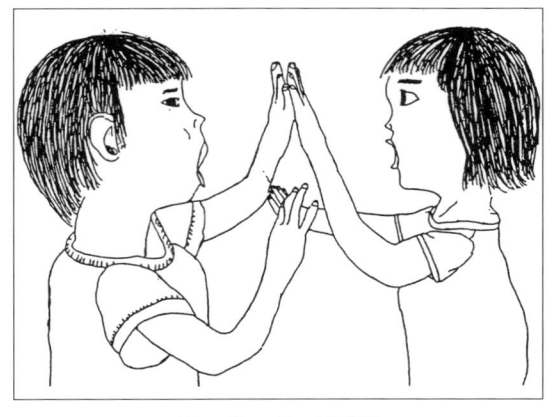

せっせっせ（2年）

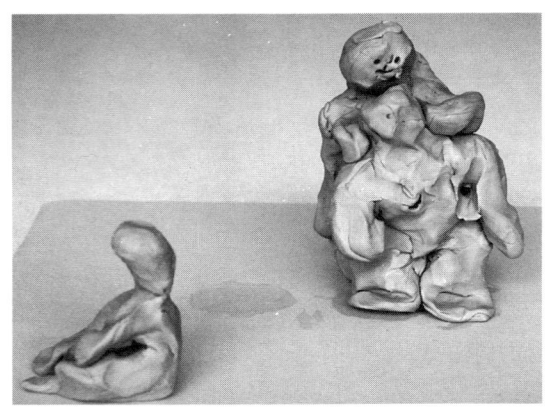

弟がすねた（2年）

本当の意味の協同になるように，よく話し合うようにします。

3　2年指導事例

○題材「虫とり」

＜指導のねらい＞

子どもたちの放課後の生活が低学年でも最近はお稽古や学習塾通いに忙しく，遊びとして"虫とり"を組織することなど，非常に困難になってきている今日，生活科の授業として"虫とり"を体験学習し，その体験した内容を絵に描くことで，より確かなものにしていくことがねらいです。

"虫とり"をした経験を2人ペアで，「2人で描く絵」に取り組ませます。2人で協力して虫をとり，2人で協力して1枚の絵にしていきます。学級活動の基本的な集団・班の数を5〜6人とし，その基礎単位を2人組，3人組とします。

たくさんの友だちと取り組んだ"虫とり"の方が，より楽しく，より多くのことが学べることを実体験し，"2人で描く絵"も，より豊かな表現が生まれたらと願います。

＜準備物＞

絵日記，虫と草の観察画，2人で書いた作文，コンテペン，絵の具，画用紙全紙半分

＜展開＞

①　生活科で"虫とり"に取り組んだ内容を各自が絵日記や観察画に描いておく。

②　図工科で虫とりをした2人ペアで，どんな場面で，どんなポーズにするのか，相談し文にまとめる。

③　描くときは互いにモデルになり相手を描いて，2人の絵日記をもとに，相談しながら背景を描いていく。

④　着彩のときは自分の体は自分で彩色する。背景は相談しながら，2人で協力して彩色する。

⑤　2人で相談しながら，みんなに2人ペアの絵を見せ，発表し鑑賞する。

＜留意点＞

作品を見せ合い話し合うことを大切にしていきましょう。

描いたことで，その内容が充実し，描くことを通して2人のつながりが深まり，そのことを通して自他の違いと，その関係意識を大切にしていくような子に育てたいものです。

（鷲江芙美子）

虫とり①（2年）

虫とり②（2年）

> ⑤ 子どもの絵は，イメージをふくらませる指導が大切だといわれるのですが，それはどのような指導なのでしょうか，その指導の手立てとポイントを教えてください。

1　混同された想像と創造

　"子どもは生まれながらに豊かな創造力をもっていて，その創造力をのばすことが個性豊かな人間を育てる"のだと考えてきた創造美育の運動が戦後に始まり，今もそのような考え方が日本の美術教育の中に根強く残っています。

　"子どもが描きたいものを思いのままに自由にのびのびと描かせるようにすると，子どもは生まれながらの創造力を発揮するものだ"という考え方で実験授業を展開し，失敗した事例があります。

　ある幼稚園で「黄色いカラス見たことある？」という題材設定でおこなわれた実験授業です（『美育文化』No.10，1979年）。

　これは，お話の絵を描く授業で"お話というものは，子どもが創って描くものだ。これまで，どこにも存在しなかった全く新しい世界を表現するものでなければ意味がない"と考え，授業者は「私の創作から子どもたちの想像の世界を引き出し，展開しよう」と考えたものでした。

　授業の最初の段階では，子どもたちは喜んで，先生の誘いかけに乗るかのように見えたのですが，いろいろなやりとりがあって描く段階に入ると，子どもたちは，結局どうしてよいかわからなくなり，居直ってしまって，「自分の好きなものでいいの？」などといい出します。もちろん，授業者は，「何描いてもいいよ」と答えるしかなく，「これまで何を話し合ってきたのかわからない」と思い，お話を「もう，絵と結びつけて考えることはやめることにします」と結論づけてしまいます。つまり，お話の絵は描かせない方がいいというわけです。

　このような授業のようすを見ると，授業者が，かたくなに想像＝創造と信じこんでいることがわかります。

　たしかに，想像と創造は深いかかわりをもっているものですが，想像は単純に創造につながるものではありません。

　およそ，この時期の子どもたちは，主観的といわれる"自分だけの意識や感情"でものごとを見，想像することが精一杯の状態にあるのです。

　子どもの絵が創造的であると賞賛された絵は，おおむね，子どもの未熟さのゆえに生まれた奇抜さや不自然さのようなものが多いのも，そのためであるといえます。

　絵は本来，想像に基づいて描かれるものです。全体に，表現するというさまざまな行為のすべてが想像に基づいたものなのです。

　子どもの場合，想像する世界が創造的なものといえるようになるには，子ども自身の知的能力や人格的な育ちが，もっと高められた時期にならなければなりません。

2　経験の記憶とイメージづくり

　子どもがお話を聞いたり読んだりして，どのような情景を頭の中に思い描くかというような想像（イメージ）の世界は，人間特有の能力なのです。

しかも，この想像（イメージ）の世界は子ども自身の人格（生き方や考え方）を反映し，それはまた，子ども自身の育ちや環境（自然や人間，文化などの）と深くかかわっています。

子どもが描く絵の背景にあるイメージ活動と，そのイメージ活動に反映される人格や生き方の問題は，決して安易に考えてはならない重要な問題です。

(1) イメージづくりは記憶の再構成

記憶にもとづくイメージは，再現的イメージといわれ，印象として残された経験の記憶を再現しようとしてつくるイメージです。

この再現的なイメージづくりは，そのもととなる記憶が，意外に完全なものではないので，子どもはよく戸惑います。

たとえばあるできごとの記憶は，映画でも見ているように場面場面がすべて記憶されているわけではありません。したがって，それをイメージとして再現するのは，大変困難なしごとになります。人間の記憶はこのように，実に断片的で部分的なものでしかないのです。

子どもが経験したことを絵に描こうとするときも，記憶をけんめいにたどろうとするのですが，ほとんど完全に再現することはできません。

そこで，子どもは経験の印象として残されている記憶を，自分は今，どう見ようとしているか，それを描こうとするその時の見方（姿勢，態度）に基づいて経験を再構成していくのです。この経験の再構成が経験の組み立て直しによって，初めてひとまとまりの経験として再現されるようになるのです。

左の絵は，子どもが自分の経験を再現しようと描き始めたのですが，その再構成ができなくなって，結局，思いつくままに描いて遊んでしまった絵です。

テレビやマンガで見た世界を，吹きだしも加えて気まぐれに描いています。

「それが子どもらしい空想の表現なのだ」という人もいますが，記憶に基づく経験の再現は，それなりの子どものしっかりとした意志力と，ものごとを関連づけてまとめる知的能力を必要とするのです。

(2) 描きながらつくるイメージ

子どもが絵を描くというのは，イメージがあって，それを描くのだと考えられがちですが，実際は，描きながらイメージをつくり，また，描いていくのです。

次頁の絵は，2歳1カ月の子がゴキブリを見てその姿を描いたものです。

K君は，最初に白い紙にペンで太い曲線

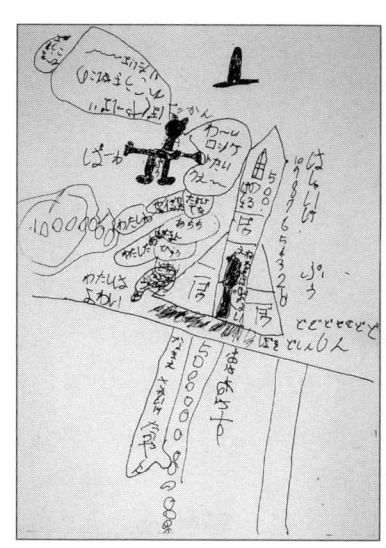

おもしろかった（8歳）

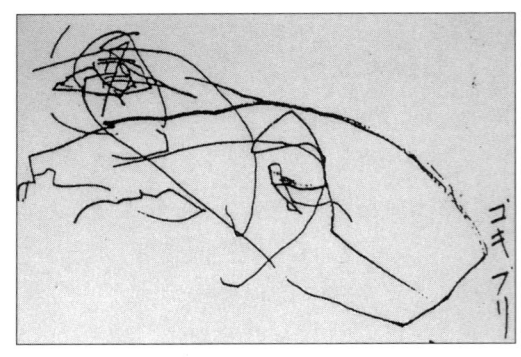
ゴキブリ（2歳1カ月）

のような線を描きました。その時，K君は，この線からゴキブリの姿を思い出し,「さっきな，あそこにゴキブリおったんやでー」といい，ゴキブリを見たことを話し始め，「ゴキブリ描いたげよか」といいながらこの絵を描いたのです。

このように，最初にイメージがあって，子どもは絵を描くのではなく，1本の線からゴキブリをイメージし，印象として残された記憶をたどりながら，さまざまな線を描きこんでいくという描き方で描いていくものなのです。

つまり，印象にもとづく部分的断片的な記憶を手がかりにして子どもはイメージをつくり描いていくのです。

しかも，この経験の記憶は，その背後に感覚や感情の高いうねりがあって鮮明さを増すものです。

表現が感覚の鋭さや感情の細やかさに支えられて成り立つのはそのためです。

3 イメージをふくらませるために

"イメージをふくらませる"というのは，"どこにも存在しない，全く新しい空想の世界"をつくることではなく，直接的，間接的な経験を，描くという活動を通してそのことにかかわる自らの思いや考えを，自分の中で確かめ，深めていくことです。

絵を描くには，描くための手段や方法（技術）が大切だと考えられがちですが，もっと大切なのは，その中味（内容）です。

① 子どもが表現に向かうときの基本的な教師の姿勢として，子どもが抱く思いや考えを受容し，それに共感していくこと。

② 子どもが描こうとするものごとが，子どもにとって実感のあるものであること。
　教師は，その実感を引き出していくこと。

③ 子どもが，どんな思いや考えで，それを描こうとするのか，そのものごとのとらえ方をはっきりさせてやること。
（描くものごとの関係をとらえさせる）

④ 一人ひとりの子どもの思いや考えを，具体的に話し合い，イメージ化する手がかりをつかませること。
（一対一の対話をていねいに重ねること）

⑤ 1つの方法として，ことばや文で子どもたち一人ひとりの経験の中味を整理させること。

ことばや文は，ものごとを概念としてとらえることになりますが，経験の内容をまとめ，整理する意味で大切です。ことばや文でまとめたり整理することで，イメージがつくりやすくなります。

⑥ 子どもたちに，描き直しのための用紙（画用紙）を十分に保障してやること。

描き直しは，そこに描き出された絵の世界と自分のイメージをつき合わせながら，子どもが納得していける絵にしていくためのもので，安易な失敗の描き直しではありません。

（深田岩男）

低学年の絵

6 低学年では，描いたりつくったりして遊ぶ"造形遊び"が，子どもの表現力を育てるのだといわれますが，本当にそうなのでしょうか。

1 子どもの表現力と造形能力

子どもが絵を描いたり，ものをつくったりするのを，私たちは，一体，どのようにとらえ考えていけばよいのでしょうか。

乾孝氏は「色や形でものの美しさを知り，色や形の中に，ちょっと見ただけではわからないものを見抜くことのできるような感覚をもっていること。それを他の人に示すことができるような技術をもつこと」であるといい，「それは，また，現実をみんなでもっと深く見つめ，美を発見していくことにもなる」ものであり，「子どもたちにとって美は，もっと生活的なものであり，"人間らしいこと"に根をおろしたものである」といいます（乾孝著『子どもたちと芸術をめぐって』いかだ社）。

それは，日々の生活の中の具体的な"もの"や"こと"にかかわりながら，喜怒哀楽の感情を味わい，発見したり，驚いたりして生きている子どもたちが，表現するという行為を通して，自然のこと，社会のこと，人間のこと，広い世間のことを理解し，美や真実や人間らしさを学んでいくことなのだといえます。

ところが，ある教科書は，美術（造形）の表現力を高めるというのは，「創造的技能」と「造形感覚」を高めることだといい，それは，「材料の特性やその色や形に挑む創造活動」「子どもの造形的な行為や感覚に基づく創造活動」「体験や観察，空想や夢などから思い描くイメージをもとにした創造活動」なのだといいます。

しかし，そこには，具体的な生活の中の現実と切り結んで生きる子どもの姿がなく，夢や空想の世界に遊び，思いのままにものごとに取り組む夢遊病者のような子どもの姿しか思い浮かびません。

下の絵「よしゆきのひるね」（栗岡英之助著『乳幼児期の表現』明治図書出版）は，「学校から帰ってみると弟がひるねをしていました。無心に眠りこんでいる弟の口元にヨダレのあとがひとすじありました。この絵は，弟の肖像であるとともに，弟おもいのB君の心の自画像でもあります」と述べられています。

この「よしゆきのひるね」の絵のように，子どもがじかに体験した生活の中のできごとを，実感をこめて誠実に描き出していくような表現こそ，子どもの練り上げられた美的感覚であり，人間らしさや真実を深く

よしゆきのひるね（1年）

意識していく表現活動なのです。

そこには，最近の教科書に見られるような，遊びながら形や色の操作をする活動から生まれた装飾的できらびやかな絵とは違った，確かで豊かな人間らしいやさしさのあふれた心の世界があります。

2　子どもの造形能力と造形遊び

「造形あそび」とは，一体，どのようなものなのでしょうか。

この教科書では「子どものもつ本能的欲求や造形表現の欲求，発達の特性など，子どもの造形にかかわる実態を基礎にしながら……」「①材料の活用，②行為の展開，③想の拡充」という視点から，その活動の内容を組み立てようとしています。

①は「材料の形や色のおもしろさを見つけ，いろいろ思いつくものを表わしたり，つくったりする」，

②は「並べる，積む，組むなどのあそびをしながら，思いつく表わし方やつくり方を楽しむ」，

③は「心の中で感じたことや思ったことを思いのままに表わし，つくる」

ことなのだ，と説明しています。

この視点は，この教科書が設定している「造形あそび」「つくりたいものをつくる」「絵や立体に表わす」などの領域的なものすべてに適応される指導の視点として設定されているのです。

"造形あそび"は"あそび"なのだから，どのようなものを使って，どのようにやってもかまわないという子どもの思いつくままの活動なのです。しょせん，まとまりのあるものになるはずがありません。

しかし，「それでよいのだ」「それで子どもたちの中に，材料の活用，行為の展開，想の拡充という内容の活動があり，意味があるのだ」というわけです。

もともと，子どもには，学校だとか教科だとかいわれるものの枠を越えた"遊び"をふくむ"生活"があります。

子どもは，その中で感覚を働かせ，喜怒哀楽を実感しながら，想像したり考えたりしたことを，形や色など造形的な表現の手段を通して，美や真実を確かめ，深めていくのです。

子どもたちにとって，描くとか，つくるとかいう活動は，このような内容と経過をたどって展開されるものなのです。

"形や色を思いのままに駆使して取り組む自由"な活動を中心にした"造形あそび"は，現代感覚に見合うシャレた造形操作の力を身につけることはできても，人間らしい豊かな感性や確かな人格の育ちに結びつく活動といえるかどうかは極めて疑問です。

大切なのは，「何を」取り出し表現するのかという，子どもの想像の世界の耕しと表現のかかわりです。具体的な事実と切り結んだ中から生まれる子どもの心の高まりと，それを「どのように」表現するかという手段や方法の統一なのです。

"造形遊び"は，結局，限られた子どもの現代感覚的な造形能力を引き出そうとする能力主義的なものか，子どもの造形能力の自然発生的な育ちに期待するだけの消極的な技能教育でしかありません。

（深田岩男）

低学年の絵

> 7 絵の具を使って，初めて絵を描かせようと思います。筆やパレットの使い方を教えてください。また，どのように指導を展開すればよいでしょうか。

1　絵の具を溶く水の量を指で知る

　水彩絵の具の使いはじめで一番むずかしいのは水加減です。「水で溶く」という当然のことが，なかなかのみこめない子どもたちに，まず自分の指で覚えさせます。

①　水をつけない指先で絵の具を触る。
②　水をつけた指先で絵の具を溶く。
③　水をつけた指先で絵を描く。
④　筆先に含む水の量を指先で確かめながら，筆で絵を描く。

　①から④の体験をさせ，身体で「水で溶く」ことをまず覚えさせたいものです。絵の具を溶く水の量で，重厚な濃い色合いから透明な淡い色合いまでの，多様な表現ができることの第一歩を印象深く経験させましょう。

　色粘土遊び，ジュース屋さんごっこなどの遊びの後で，指と筆で身近な野菜を手で触りながら描かせるのもよいでしょう。

2　筆に含ませる水加減と「水描き」

　糊状の「ベタベタ」の状態から，少し水を加えた「ドロドロ」状，水がやや多くなる「サラサラ」状，水が多すぎる「ジャブジャブ」状のものなど，何回か経験しないとわかりにくく，筆に含む水の量の調節はむずかしいものです。

　そこで，最初は絵の具をつけないで，筆に水だけを含ませてぬる「水描き」をさせてください。この「水描き」は水加減の大切な練習です。試し紙も使います。

　ゴム風船は，そのふくらみようによって色が変わって見えます。これを絵の具の水加減で描く方法を学習します。

　風船の外から内へぬっていき，ふくらめばふくらむほど風船の中心は，だんだん淡くなるよう，筆に含ます水の量を増やします。

①　ふくらます前の風船
　　（ややドロドロの絵の具）
②　少しふくらんだ風船
　　（ややサラサラの絵の具）
③　大きくふくらんだ風船
　　（サラサラの絵の具）

　このような「水描き」を経験させたり，筆で線やアメ玉をたくさん描く遊びの中で水加減のいろいろを経験させましょう。

3　パレットの使い方

　絵の具を置く小部屋にマジックで印をつけてやり，いつも同じ色を置くようにさせます。絵の具のチューブから出す量も「自分の爪と同じくらいの量」というように，目安をもたせ残さないようにします。残ったときは，毎回きれいに洗い流します。筆を使って洗うと筆先がいたむので，指先またはスポンジで洗うようにさせます。

　絵の具を混ぜる広場と絵の具を置く小部屋を，きちんと区別して使うことも教えておきましょう。

　パレットをきれいに洗い，ぞうきんで水気をふきとらせます。パレットや筆の汚れは絵の具の色の濁りの第1の原因です。

ミニトマトとブロッコリー（1年）

4　1年指導事例

○題材「ミニトマトとブロッコリー」
＜指導のねらい＞

　手で触った感覚を，絵の具の色だけで描いていきます。指先で実物に触り，指先に水をつけて絵の具を溶き，指で描いていきます。実物に触ったとき，ブツブツした手触りのところは「ブツブツ」と言いながら指先を動かします。ツルッとした丸いミニトマトは「ツルッ」と指先を丸く動かすためにしっかり水で濡らしておきます。

　色は三原色（黄・赤・青）の二色混色でパレットの使い方もていねいに教えます。

　指先で感じた感覚を大切にして描いていくことと，絵の具を溶く水加減を指先で体得することがねらいです。

　色づくりと水加減を知る「水描き」の時に試し紙を使うことも忘れずに指導します。

＜準備物＞

　三原色の絵の具，8つ切り画用紙，試し紙，ぞうきん，パレット，小筆，筆洗，各自が手に持てるくらいの野菜

＜展開＞

① パレット小部屋から，指先で少しずつ絵の具をとり，パレット広場で指で混ぜる。

（赤＋黄）…ミニトマトの色
（黄＋青）…ブロッコリーの色

② 実物の野菜を指で触って，その感じを擬態語に直し，指の動かし方を考える。
「ツル，ツル」…ミニトマトの実の部分
「ブツ，ブツ」…ブロッコリーの上部

③ 枝部分やがく部分は，小筆に少し水を含ませて描く。

○題材「ガクアジサイ」

　上記の野菜と同じく指と筆で描きます。野菜と違って，色づくりがやや複雑になることと，葉や花びらを筆で描くことから，筆に含ませる水の量の調節を指先で確かめながら慎重に絵の具だけで描いていきます。鉛筆でスケッチしたりせず筆で直接描きます。

① 中心部分…指でドロドロと描く
② 花びら・葉…筆でサラサラと描く

（鷲江芙美子）

ガクアジサイ（1年）

低学年の絵

⑧ 題材によって，鉛筆やクレヨン，パスなど，描く材料を変える必要はあるのでしょうか。

1 描こうとするものの質感と描画材料

油性のパス類と水性の絵の具では，同じものを描いてもずいぶん雰囲気が違います。パスは柔らかで優しい線が描け，重色による混色や面塗りに適し，重厚な雰囲気を表現できます。

水彩絵の具は水の量の加減で透明な雰囲気から厚ぬりや重色で不透明な雰囲気まで広範な表現が可能です。

また，絵の具の扱いが未熟な低学年では線描を油性のクレヨン・パスで描き，面を水性の絵の具でぬるなど併用することが多いのですが，描く対象の性質・内容を考えて使い分けるようにしましょう。

たとえば，近景のはっきりした花や虫などをパス類で重色し，遠景のぼんやりした背景を絵の具で彩色します。

また，雨や空などは絵の具の方が描きやすいし，雪や動物の毛・羽毛などの柔らかさはパスの重色による表現の方が適しているのではないでしょうか。

つまり，描こうとするものの質感と描画材料の性質をよく考えて，子どもたちに提示してほしいと思います。

2 線描に適する描画材料のいろいろ

クレヨン，コンテペン，色鉛筆，マジックペン，速乾性筆ペンなどは線描に適した描画材料です。紙質も考慮して使いましょう。線を描くスピードがいるものもあり，使い慣れることが大切です。

入学当初の文字指導の初期に手首のコントロールをかねて，図工科でも「線遊び」をさせましょう。

また，絵日記（くらしのたより・しぜんのたより）の絵を描くときなどのスケッチには「素早く描ける」点でこれらの描画材料がむいています。細かい点を詳しく観察して描く場合，鉛筆で線描きして色鉛筆で色ぬりをさせることもあります。

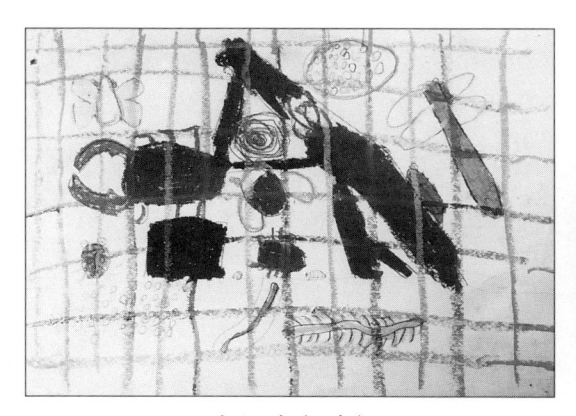

虫かご（1年）

にわとり（2年）

3　2年指導事例

○題材「菜の花畑のふたり」

＜指導のねらい＞

2年生になった春，菜の花畑で菜の花の観察を2人組でします。葉のつき方や花びらの数，群がって咲いている花，つぼみのようすなど細かく観察し，2人で1枚の画用紙に，パスで手前に大きく描いていきます。

菜の花畑のむこうに，菜の花を眺めるペアの友だちをモデルにして交替で鉛筆でスケッチをし，絵の具で自分の姿は自分で彩色します。

よく晴れた日の澄んだ空の色を2人で相談しながら，高い空からだんだん下の空にかけて水で薄めながらぬります。

菜の花の前で（2年）

描画材料と描く対象物の質感との関係を説明して，パスを使う理由や絵の具の濃さについて意識させます。

＜準備物＞

4つ切り画用紙2人ペアに1枚，画板，パス，絵の具道具一式，鉛筆

＜展開＞

①…（菜の花畑で）

菜の花を詳しく観察しながら，パスで2人で画用紙の手前に大きく描く。

②…（菜の花畑で）

菜の花の奥に立ったりしゃがんだりしている友だちを見ながら鉛筆でスケッチし交替で1枚の画用紙の中に描く。

③…（教室で）

自分の姿の色ぬりは自分でぬる。絵の具で水加減を考えながら彩色する。

④…（教室で）

空の色を4段階程度の水薄めで2人で協力してぬる。

お互いの感想を手紙文にして交換する。

＜留意点＞

学年の始まりなので，座席が隣同士のペアで仲良くなるよう，わざわざ1枚の紙に描かせるようにします。

共同体験することで，2人の協力関係が生まれるよう「描くことを通して仲間づくりが進む」ことが一番大事です。

技術指導も2人組の方が影響し合う力が大きいので早く徹底することができます。

絵の鑑賞だけでなく，お互いの手紙文の交換も忘れずにして，お互いの思いをしっかり伝え合うようにさせましょう。

（鷲江芙美子）

低学年の絵

> ⑨ 学期末になると子どもの絵の評価をしなければなりません。その時の子どもの絵の見方と扱い方を教えてください。

1　絵画の要素で分けてみる

　一般に評価といえば、学校では成績評価のことを指しますが、算数や理科などの評価とは違い、絵のような美的なものの評価は、はっきりとした判定の基準のようなものがありません。しかし、教育である限り評価は必要です。

　もともと評価は、その授業なり指導のねらいに照らして、それが達成されるかどうかでおこなわれるものです。

　たとえば、「見て描く絵」の場合、対象とするものの形が正確にとらえられ、描かれることをねらいとして指導が展開されたものであれば、その形の描写のし方で判断することができます。しかし、ここに、色だとか画面の組み立て方（構図）などという絵画としての要素が加わってくると複雑になってきます。

　絵画には、絵画として成り立つための基本的な要素というものがあります。

　形態、色彩、陰影、質感、動感、構図、空間といわれるようなものです。

　子どもの絵も、この絵画としての要素と考えられるものに基づいて見ていかなければなりません。もちろん、その場合、子どもたちの発達の違いがあるわけですから、学年の平均的レベルを考慮して個々の子どもの絵を見ていく必要があります。

　低学年では、絵画の要素と考えられるものは、およそ形、色、動感、構図のようなものがあげられます。

形や色は、どのように描いているか、人物や動物の動きは、どのように描いているか、また、全体の画面が空間の処理のし方とあわせて、どのように組み立てられているか、というように、子どもたちの絵を見ていくことができます。

　しかしこれは、あくまでも描き方（技術）の側面からのとらえ方です。

2　総合してみる

　描かれた結果としての作品を、絵画としての要素から判断しようとする技術的な側面からの見方だけでなく、いま一つ大事なことは、描こうとしているものの子ども自身のとらえ方と感じ方があります。

　しかし、これも決して無形のものではありません。描こうとする"もの"や"こと"に、どう心を動かしているかは、形や色、動感や構図になって現われてきます。

　次頁の2枚の絵は、お話を場面ごとに読み聞かせ、場面ごとに描いていったものです。(安満きみ子作『きつねのおきゃくさま』サンリード)

　2枚とも、同じ場面を描いているのですが、描かれている動物たちの動作や表情に違いが見られます。

　一方は、ひよことあひるの会話のようすを動作や表情で象徴的に描き、もう一方は、そのまわりのようすをこまごまと描いて、ひよことあひるの会話のようすがわかりにくくなってしまっています。

　これはまた、ひよことあひるの動感の表

きつねのおきゃくさま①（5歳）

きつねのおきゃくさま②（5歳）

し方の違いだけでなく，画面の空間の扱い方の違いともなって現れています。

それは，お話の中のひよことあひるという対象のとらえ方や感じ方の違いとして見ることができます。

一方の絵は，お話の場面を，説明的にとらえ描いているのに対して，一方は，お話の中に同化し，ひよことあひるの対話のようすをひたむきに描こうとしています。それが空間の緊張感を生み出し，お話の中の会話しているようすを印象深く，絵を見るものに語りかけてきます。

3　前提となる指導者の目と心

子どもたちの絵を評価していく前提として，今一つ，指導者が留意しておかなければならないことがあります。

それは，お話の絵に限らず，ほかのどんな絵でも，描き手としての子どもの思いや考えを，日々のくらしを通して深くとらえ，その活動に対応していくことです。

日々のくらしの中で形づくられ変転していく子どもたちの心の多様さと複雑さを深くとらえ，受容し，共感していくことです。

とくに，低学年期の子どもは，描く力の未熟さ（図式といわれる形態概念による描写）による表現の不確かなところが目立ちます。子どもの描く絵は，しばしば，この不確かさの中に埋没してしまいます。

たとえば，ちょっとした1本の線や点，色の中に，子どもの思いや考え，おどろきや発見がこめられていることがあります。指導者は，それを的確にとらえ，読みとることができなければならないのです。

それは子どもたちの描こうとしている対象のとらえ方や感じ方を形づくっていく心的（精神的）世界とその変化を読みとることでもあるわけです。

つまり，描く活動を通して，子どもが人間らしさの真実を発見し，それを自らの心の中に取りこんでいく過程を読みとり，評価していくことなのです。

子どものつぶやきや動き，表情など，表現に向かう姿を注意深くとらえ，助言していく指導者の目と心を大切にしたいものです。

評価とは，技術的な表現力を見るのではなく，その活動を通して子どもが獲得した内的世界の高まりを見定めていくことです。

（深田岩男）

低学年の絵

> ⑩ 児童画のコンクールや展覧会に入賞するような絵は，どのように指導されたものなのでしょうか。よい指導法があれば教えてください。

1 コンクールの実際

児童画のコンクールがさかんになったのは戦後間もなくの頃でした。当時，敗戦という国家の荒廃の中から，新しい自由主義思想に見合う教育を求めて，創造美育の運動が起こり，子どもの絵のコンクールは全国的なものとなったのです。

わが国で最初に全国的な児童画コンクールが起こったのは，大正から昭和の初めにかけての頃で，山本鼎の自由画運動の中からでした。これも，大正の自由主義思潮の中で起こったもので，戦後の場合と共通するものがあります。

児童画コンクールは現在もさまざまな機関によって毎年のように開催されています。

このような児童画コンクールがどのようなものであったのか，筆者の経験（少々古い時期のことですが）を通して，その実際を紹介してみようと思います。

昭和35（1960）年第3回NHK全国図画コンクールで，下の絵「馬のせわ」が小学校高学年の部で優秀賞を受賞しました。

コンクールの表彰が終わって数カ月後に，近畿関係の作品展が大阪であり，テレビ放映もおこなわれたときのことです。アナウンサーがマイクを向け，「先生は，この子にどんな指導をされましたか」と問いかけられ，私は「好きなように描かせてきただけです」と答えた記憶があります。

絵に限らず芸術にかかわる教育は，子どもの主体的な活動によって成り立つものです。教師は子どもの主体的な活動を，どう引き出し，展開させるかが重要なことは確かです。しかし，それだけで，指導といえるのだろうか，そんな疑問が筆者の中に湧いてきたのでした。

このコンクールの入賞は，ただの偶然の結果でしかないのですが，コンクールに入賞することだけが最良の教育（指導）の結果とは，どうしても考えられなかったのです。

子どもたちの日々のくらしの中の喜びや悲しみ，疑問や矛盾を，共に語り合い，考え合って，表現に向かっていくようなものこそが教育，あるいは指導といえるものではないかと，そう考えるようになったのです。

馬のせわ（5年）

大切なのは，結果としての作品ではなく，教師と子どもの関係の中で交わされていく語り合いにこそ，子どもが発見し獲得していくものがあり，それが教育というのにふさわしい内容であるはずです。

2　子どもの絵を見る審査員の目

　当時，このコンクールの審査に当たった人たちの短評文があり，そこに，この「馬のせわ」の作品について，久保貞次郎氏が，つぎのように書いています。

　「（略）こういう絵は，子どもの無邪気さがよくでているものとして，わたしは大いにすいせんしたいと思います。そのうえ画面にもっと迫力が出てくれば申し分ないでしょう。そのためには，子どもをいっそう励ます先生の深い愛情と指導者の美術に対する感覚のほりさげが必要になります。（略）指導者の美術への鋭い深い感覚があればあるほど，子どもは間接的によい影響を受けるのです（略）」（筆者抜）。

　ここに述べられている内容の要点は，子どものとらえ方について「無邪気さがあってよろしい」というだけで，それ以上の子どもの内面（心）の動きについては触れていません。そして，求められることとして「指導者の美術に対する感覚のほりさげが必要」であると述べています。

　「指導者の美術への鋭い深い感覚があればあるほど，子どもは間接的によい影響を受けるのです」という記述は，まちがいなく「美術」という視点から，子どもの絵をとらえるとらえ方が強調されています。

　また，同じ審査員の中の1人，中谷健次氏も，つぎのような感想を述べています。

　「（略）5年の『馬のせわ』を例にとると，非常にまとまっていると思うが（略）何かパタッとして，いきづまったような感じがするんですが，あれがもっと心の中に遠近感というか，奥行きというか（略）あれがもう少し本質のものになってくるとよくなるんじゃないかと思うんです」（筆者抜）。

　この中谷氏の感想にも「美術」を見る大人の目で，子どもの絵を見ていることがはっきりとうかがえます。

　もちろん，子どもの絵も「美術」なのだから，その視点も大切です。

　しかし，このような子どもの絵を審査する審査員のだれもが，そこに描き出された子どもの世界を「美術」としての視点から見るだけで，その表現の過程で，子どもが思い考え，発見していくような内面（心）の活動を見ようとはしていません。

　また，実際に，審査員には見ることのできるものではありません。

　子どもそのもののとらえ方も，心理学で一般的にいわれている発達段階のとらえ方の域を出ない観念的なとらえ方でしかないようです。

　本来，子どもが1枚の絵を描く過程で，子ども自身が深め広げていく心の世界こそが教育としての意味をもつものなのです。

　この教育としての意義を大事に考え扱う者こそ，子どもと向き合い指導していく教師以外にはありません。　　　　（深田岩男）

見て描く絵

友だちの顔（1年）P.45

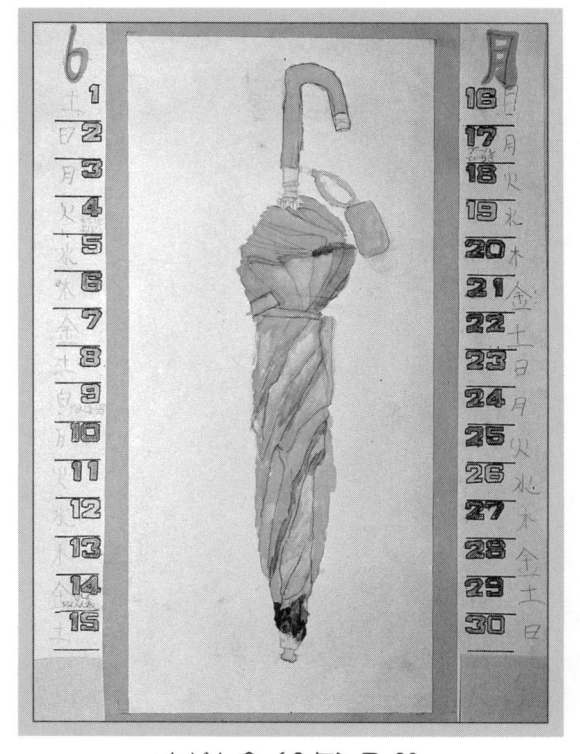

とじた傘（2年）P.36

> ① 低学年の見て描く絵の題材に、どのようなものがありますか。その選び方と指導法を教えてください。

1　題材を選ぶときの条件

　低学年期はまだ図式的表現の段階ですが、描こうとするものをよく観察し、描こうとするものと画面とを対応しながら描いていくことによって、だんだん視覚的に、つまり、見えたように描けるようになってきます。

　しかし、描いていく過程で子どもたちが「疲れた」「むずかしかった」と思うようではだめで、「楽しかった」「できた」という満足感をもてるように学習を展開できなければなりません。

　そのためには、題材を選びとるときにいくつかの条件が考えられます。

　①色、形、空間関係などが、あまり複雑でないもの、②子どもたちの生活に結びついたもので、主体的に取り組もうとする積極的な気持ちをもたせるもの、③手に入れやすい……等が考えられます。

　また、低学年の子どもたちの発達は、個人差が大きく、1年生入学当初、すでに視覚的に描ける子もあるし、なかなか図式的表現の段階からぬけ出せない子もいます。しかし、そこに子どもらしさにあふれた楽しい表現も見られます。どの子も認めようとすることと、どの子もそれぞれに意欲をもって活動できるように学習をすすめることが一番大切です。

チューリップ（2年）

2　生活科との関連

　生活科の学習には自然観察の活動が相当組みこまれています。その中には見て描く絵と重なる部分がたくさん含まれます。

　自分たちが育ててきたものや見つけてきたものを見て描くとき、そのものに対して特別の親近感をもって取り組むことができます。

　本章3の項目に、生活科と結びつけて扱

友だちのかお（1年）

見て描く絵

える題材例をあげています。参考にしてみてください。

3　表現のし方の工夫

見て描くには複雑すぎて、低学年にはちょっと無理ではないかと思っても、表現方法をかえれば、十分取り組めるものもあります。絵に描いて色をつけることだけを考えず、幅をもたせて考えてください。

- はり絵にする
  （アブラナ，アジサイ，コスモス，マーガレット，フジ，ブドウ，アヤメ，カタツムリ，テントウ虫など）
- 折り紙にする
  （アジサイ，アヤメ，アサガオ，チューリップ，水槽の金魚，メダカなど）
- 紙で立体的につくる
  （バッタ，チョウ，カマキリ，トンボ，カブト虫，セミ，クワガタ虫，チューリップ，アサガオなど）
- 粘土で表現する
  （人，動物，野菜，果物，魚，貝，ザリガニ，カニなど）
- 紙粘土でつくり、かわいてから色をぬる
  （買い物ごっこで使う商品，野菜，魚，果物，お菓子，食器など）
- 紙版画にする
  （友だち，動物など）

アブラナ（2年）

4　作品の生かし方

できた作品をそのままもって帰らせるよりも、その作品を有効に使えるように工夫してみましょう。

① 季節を感じさせるものであれば、カレンダーの絵に使う。

② 人物をもちよって、運動会，紅白玉入れ，遠足，プール等の共同製作に使う。

③ 木の葉を描いたものをもちよって、大きな木と枝を描いた台紙に貼りつける。もみじ，いちょう，くぬぎなど。

ススキ（2年）

④ 切り抜いて、招待状，案内状，プログラムなどのカットに使う。

⑤ とじて絵本にする。「○○公園で見つけた花，草，虫」など。

⑥ 作品よりも少し大きい厚紙に貼り、額がついたようにする。丸い紙皿に貼ってもよい。「おかあさんの顔」など。

⑦ 和紙に描いたものなら、うちわに貼ってもよい。のりを水でうすめたものを紙の裏全体にぬって、ぴったりと貼る。

（西沢すみ子）

> ② 教科書では，ほとんど見て描く絵とか，観察して描く絵の教材がありません。低学年ではそれは必要のないものなのでしょうか。

1　見て（観察して）描く教材がないわけ

　教科書の内容構成の基本的な考え方は，「自由に形づくる造形的な活動を思いついたり，つくりたいものを思いついたりして，思いのままに造形活動をする」ことですから，見て描くとか観察して描く教材がないのは当然といえるでしょう。

　文部省の小学校指導書図画工作篇に「低学年の児童は，自己中心的であるとともに具体的な活動を通して思考するという発達上の特徴があり，その行為は興味本位なところが見られる。しかし，既成の概念にとらわれない素朴で，柔軟な想像力を発揮するよさがある。造形活動においても，表現の技法や結果などのよしあしにこだわることなく，発想の面白さを見せるとともに，活動そのものを楽しむことがある」と記されている考え方からすれば，見て描く絵や観察して描く絵は「子どもたちの自由な思い，個性感情を押しつぶしてしまうのではないか」「子どもの発達過程から見て，低学年では無理なのではないか」ということになるのです。

2　見て（観察して）描く絵の意味

　既成の概念にとらわれない，素朴で柔軟な想像力を発揮させるというのは大事なことです。だからといって発想のおもしろさばかりを重視してよいわけではありません。

　低学年をもたれた経験のある先生は，子どもたちの描く絵のほとんどがパターン化されていることに気づかれていると思います。それを図式的表現といいますが，自由にのびのびとした表現ばかりさせていては図式表現から脱皮することはできませんし，いかに勢いよくのびのび描いても，単なる思いつきが自己表現だとは思えません。

　見るという行為は漠然とものを見ることではありません。見たり観察しながら新しい何かを感じたり，発見するところに意味があり，表現されたものから，その意味を読みとることが子どもの新たな発達につながるのです。そのためにも，興味本位の自由ではなく，素直な目と心でものをとらえ，それと呼応した目と手のコントロールの自由さこそ獲得させるべきものであり，見て描く，観察して描く意味はそこにあります。

　絵は自己表現であると共に，伝達的な側面ももっています。自分が発見したり，感じたことを形や色で表して伝達し，他者が読み取ってくれる相互の関係は，自己の認識を一層深め，同時に表現への意欲や興味を増していくことになります。

　そのため視覚的な描写方法を獲得することは，自由な思いや感情を押しつぶすのでなく，自由な表現の幅を広げるととらえるべきです。見たり観察したりして描くことで，子どもたちは多くの発見と新たな描写の世界を広げていくのです。

3 1年指導事例

○題材「きぬさやえんどう」

<指導のねらい>

低学年では線の指導は,物の形に対して,新しい考えや,理解をうながすのに重要な意味をもちます。

物の形は「輪郭線」をとらえることで正確さを増すということを教えます。

薄べったいきぬさやえんどうは輪郭をうつしとるのに,形も複雑でなく,大きさも手頃です。

また,絵の具使用の初歩として,混色（黄＋青）で緑ができることも教えます。

原則として,1年生の初期のこうした題材は,形が複雑でなく,あまり大きくない平面的なものを選びましょう。

またここで水彩用具の基本の扱いも教えておきます。

<準備物>

きぬさやえんどう各自に1個,8つ切り画用紙1/4,水彩用具（筆は4号丸筆）,鉛筆,試し紙

<展開>

(1) 輪郭を描く。

参考図1の①②の部分は板書して説明。①の部分を帽子,②の部分をしっぽという風になぞらえる。③の部分は種を中央に描く子がいるので,端にくっついていることを教える。中を開いて見せる。

形はいっぺんに描かないで,帽子の部分をまず描き,しっぽの部分へ上の輪郭,下の輪郭とゆっくりとうつしとっていく。

(2) 色をつける。

黄＋青で緑ができることを試して見せる。つくった緑を試し紙にぬり,さらに白と黄を少し加えて「きぬさや」の緑に近づける。

<留意点>

筆先は「鉛筆のようにそろえて」「ごしごしぬらないで」「一方通行で,ゆっくりスーッとぬる」など,筆の使い方もていねいに教えましょう。水加減が大事なので試し紙で練習します。

できた作品は図案風に並べて構成,展示し,楽しくお互いの絵を見て感想を述べ合うとよいでしょう。

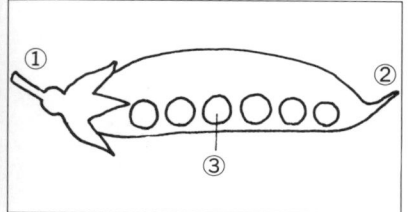

きぬさやえんどう（1年）

参考図1

4　2年指導事例

○題材「とじた傘」

<指導のねらい>

この題材は輪郭線だけでなく、ひだの線を観察することで、線の流れの初歩的な描写力と、もち手をもとに全体の比例関係をとらえる教材です。

傘をひろげて、そのひろがりを新たに見つめさせ、折り畳んだときのひだ線を見つけさせることで、その構造をつかませましょう。

<準備物>

4人に1本の傘（単色の傘がよい）、鉛筆、水彩具、色テープ、8つ切り画用紙、試し紙

<展開>

(1)　構造を調べる

とじた傘のひだ線は、ひろげたらどこにくるか予想させながらひろげる。

ひだ線にあたる1本に色テープを貼って折りたたんでいき、ひだ線がどう見えてくるかを観察する。またもち手をもとに全体の長さを調べる。

(2)　鉛筆で描く

画用紙中央に1本の線を引き、上下をきめて5つに区切り（参考図）、もち手と傘全体を薄く描く。

次に全体の形にそいながら、区切り線を目印にひだ線を描いていく。

(3)　色をつける

傘の中に見える色を、絵の具箱から選び出す。

ひだ線がつくる形にそって彩色し、同系色の混色で色の変化をつける。

<留意点>

色をつけるとき、いっぺんにぬってしまわないで、ひだとひだの区切りを一つ一つぬるようにうながしましょう。

6月のカレンダーとして展示すると、季節にあった教材となります。　（加藤克弘）

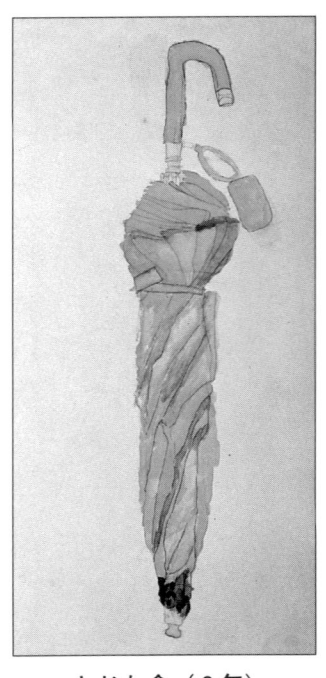

とじた傘（2年） 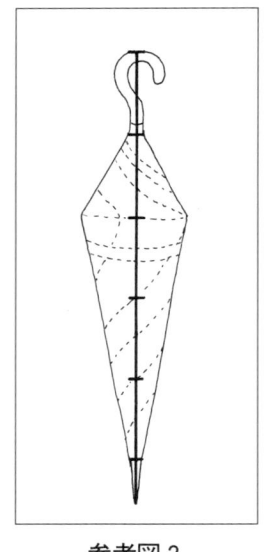　　参考図2 　　参考図3

見て描く絵

3 見て描く絵を生活科の中の自然観察の活動と結びつけて扱いたいと思うのですが，どのように扱えばよいのか，その手順と方法を教えてください。

1 生活科の教科書を調べてみよう

新しくできた生活科に対して各教科書出版社は一番力を入れているようで，種類が他教科とくらべて群をぬいて多いです。

生活科と関連して見て描く絵に取り組もうとする場合は，ぜひ他社の教科書にも目を通してください。同一単元であっても，社によってその取り上げ方，扱い方はさまざまです。自分たちの地域にあったもの，子どもたちに適したものを選ぶ際の参考にされることをおすすめします。

また，年度当初，その学年の学習計画を立てるときに，見て描く絵とうまく結びつくものはどれか調べておく必要があります。急に思いついて取り組むことがむずかしいものがあるからです。

生活科の扱い方を見ると，見つけて遊んだりしたことを，その題材にあった無理のない方法で記録させているものがほとんどですが，中には見つけっぱなし・遊びっぱなしで，かくことは全くといってよいほど，何もしないようになっている教科書もありました。

シオン（2年）

やはり，学習したことは，かきとめることによって，他との違いや変化がよくわかり，印象深く定着し，生活経験を豊かにしていくのです。絵や文でかきとめる学習を，ぜひ計画的に組み入れていきたいものです。

2 自然観察の活動と結びつけて扱う

生活科の学習の中から次のようなものを拾い出してみました。

① 学校探検をして，花壇にどんな花が咲いているか見て，それを絵に描いたり，はり絵にしたりする。

② 草花や野菜の種をまいて育て，観察日記を書き，最後に表紙をつけてとじる。

③ 近くの公園に出かけ，いろいろな遊びをしたり，どんな虫がいて，どんな草花が咲いているかを見たりして，それを絵に

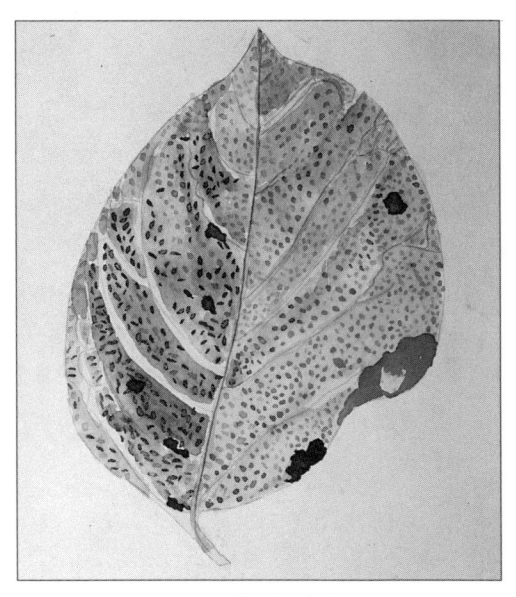

木の葉（2年）

描いて簡単な絵地図をつくる。

④ 木を決めて，春・夏・秋・冬にその木がどうなっていくか観察して絵に描いたり，葉を調べたりする。

⑤ 夏の野原の虫や花を紙でつくる。

⑥ 夏休みに海や山で見つけたことをもとにして，絵本をつくる。

⑦ 小動物を飼って，「うさぎ日記」や「ハムスターものがたり」などをかく。

⑧ 秋に紅葉（赤）いちょう（黄）くぬぎ（茶）の落ち葉を描いて，それぞれの木と枝を大きく描いた紙に貼りつける。

⑨ 秋の野原に出かけて，落ち葉や木の実を見つけ，どんな遊びができるか工夫する。遊びやつくったものを絵に描く。

⑩ 冬にできる遊びを調べ，こままわしのこまをつくったり，おにの面つくりをしたりして絵日記にかく。

金魚（1年）

あじさい（1年）

⑪ 木の芽の観察カードをつくる。

⑫ 学年末には，今までにかいた観察カードをまとめて表紙をつけて本にする。

⑬ 自分の成長をうちの人に聞いたり，思い出の物が残してあれば，それを見せてもらって（赤ちゃんから2年生まで）カードに書いてつなぐ。現在の自分を実物大に描く。

見て描く絵といっても，表現方法は紙に描いて色をつけるだけでなく，はり絵にしたり，折り紙や紙版画で表わしたり，粘土や紙で立体的に表現することもできます。

題材によって適切な表わし方を工夫して

あさがお（1年）

見て描く絵

あやめ（1年）

みてください。

3　題材を豊富にするために

　お家の方にお願いしておくとよいと思うことがあります。

　それは，家族で野山や海に出かけたとき，どんぐりや貝など，見つけたものがあれば子どもに学校へもってこさせてもらうことです。

　秋の落ち葉，松ぼっくり，すすき，ひがん花など，自然のもの，季節を感じさせるもの大歓迎です。

　一家族では，とても出会えないほどたくさんの実物に出会い，手にとって見ることができます。そんなものの中に見て描くのにぴったりのものがたくさんあり，生活科の学習をも助けてくれます。（西沢すみ子）

④ 低学年の子に，季節の草花を見て描かせたいと思います。どんな草花を，どのように描かせればよいのでしょうか。また，彩色の指導はどのようにすればよいでしょうか。

1　季節感を大切にしたい

最近，菊や蘭の花が1年を通して花屋の店先に並ぶようになり，草花のもつ季節感がしだいに失われてきています。

一方で子どもたちの遊びも，ゲームやおもちゃを使うことが多く，自然物から離れていき，草や木の実をとったり，それで遊ぶことが少なくなってきました。

花といえば，花屋に並ぶ色鮮やかなものだけに目がいきがちですが，雑草であっても手にとってみれば，そのおもしろさ，複雑さ，美しさにひきこまれ，生きものであることを感じさせます。

幼いうちから自然のものに目を向けさせ，身近に感じる生活をさせたいものです。そのためにも，季節の草花を見て描くという題材設定を大切にしたいと思います。

2　低学年での草花の選び方と扱い方

見て描く場合，題材配列は"簡単なものから複雑なものへ"というのが一般的な原則です。

低学年の子に描かせる場合，子どもたちが疲れず，「描けた」という楽しさ，満足感のもてる題材と展開方法が必要です。

指導事例では「マーガレット」をあげています。

この花は大きさが手ごろであるし，花の構造は平面的で，中心から外へ向かって放射状に花びらがひろがっていて重なっていないので，低学年でもとらえやすい形をしています。

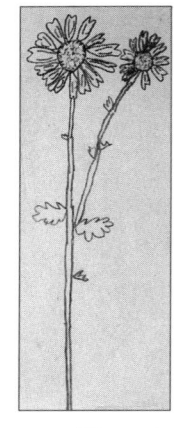

また，色も白，黄，緑で表すことができ，手に入れるのに高価でなく，学校の花壇や校区の家の庭によく咲いています。

マーガレット　はり絵（1年）　　マーガレット　線画（1年）

マーガレットは，最初はり絵にし，後日，見て描くようにしています。そのほうが無理なく描けるからです。

2年生であれば，数本をいろいろな向きからとらえて描くこともできます。

秋ならコスモスを扱います。この花も同様の構造をもっていますが，葉が細かく分かれていて，手にもっているとすぐにぐったりと，下にたれてしまいます。そのため，1年生の場合は，小皿に水をはり，花を切り取って，そこへ浮かべて描く

コスモス（2年）

見て描く絵

コスモス（1年）

と花もしおれないし、花びらがぴんと伸びてとらえやすくなります。

色づくりは、白＋赤でピンク色、赤＋青少しで赤紫色ができます。

コスモスも2年生であれば、数本の花が草原に咲いているように描くこともできます。

ガーベラ、ヒマワリ、シオン、キハマなども同様の構造をもつ花です。

立体的なつくりをもつチューリップは、2年生で描かせています。自分たちが秋に植えた植木鉢を見ながら、視点をかえれば花はどう見え方がかわるのか、鉢をまわして確かめながら画面への入れ方を考えます。

道ばたに咲く草花にも子どもたちの手にとらせて描かせたいものがたくさんあります。メヒシバ、ネコジャラシ、ススキなど形がおもしろく、その他にも低学年に描かせるのに適当なものがたくさんありますので、見つけに出かけてください。

3　1年指導事例

○題材「マーガレット」

＜指導のねらい＞
・花の仕組みがわかる。
・どんな色か、色紙と照応する。
・貼り紙で表現する。
・見て描く。（後日に）

＜準備物＞

はり絵のとき…マーガレット1人1本、台紙にする16切り色画用紙縦長・色は白い花びらがひきたつ色、色紙は、黄、白、黄緑、緑、はさみ、のり。

描くとき…マーガレット1人1本、16切り白画用紙縦長、鉛筆。

＜展開＞

①　におい、色、手ざわり、花びらの形、花のしん、茎、葉の形など、見つけたことを話し合う。

②　貼り紙をする。色紙の中から、どの色が必要か、くらべながら選び出す。

③　画面にどう入れるか、花を紙の上にのせて見当をつける。

④　花のしんと茎を貼る。

⑤　花びらは、白い紙から形をよく見て

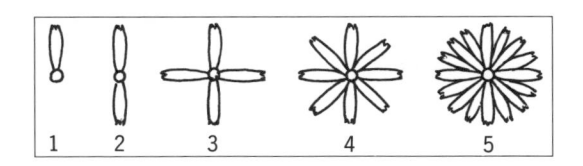

切りぬき、上の図の順に貼る。

⑥　葉を切りぬき、茎へのつき方を見て貼る。

⑦　後日に見て描く。

2年生の場合は、前向き、横向き、後ろ向きなども加えて数本描く。

（西沢すみ子）

マーガレット（2年）

5 小動物を描かせたいのですが，動いてしまいます。生きものを見て描くときの指導のポイントを教えてください。

1 「見る」とは触ってミル・遊んでミル！

「よく見て描く」とは，単純に視覚を使って見ることだけではありません。もっと身体を使って，心をゆさぶる体験を多くもつことができたら，子どもの五感は鋭く響き合い心を豊かに育むことができるのです。

生きものに触り，世話をし，一緒に遊んでミルことです。目で見るだけでなく，自分の身体全体で対象物を詳しく感じることです。また，自分が感じた生き物に対する思いが絵に表現されることが大切です。

ウサギや子犬，ニワトリを抱っこしたり一緒に走ったり，餌をやる，掃除をするなどの世話をし，「生きている」小動物を感じさせることが「見る」ことの第一歩です。

小動物の動きをよく見て，自分の身体でまねて同じように動いてミルのも，小動物の動き方を知るうえで参考になります（身ぶり化）。

また，触った感じや抱いた感じを常に擬態語などで，言語化しておくことも大切です。

2 動物の形態を基本形でつかむ

形態の特徴をとらえやすくするために，粘土や紙で各部分をつくり，動かせるようにハトメなどで接続して組み立ててみます。「紙モデル人形」と同じ「紙ウサギ」「紙ニワトリ」「紙コイヌ」をつくって動かしてみましょう。

実物の動作を観察し，「紙モデル」にも同じ動作をさせて遊びます。動く形がとらえやすくなります。

紙モデル

おすわりする犬（1年）

3 1年指導事例

○題材「犬のタクちゃん」

＜指導のねらい＞

　生きている小動物をモデルに描きます。抱いたり，一緒に走ったり，餌をあたえたりしながら，体の特徴をしっかり観察します。

　形態の特徴をとらえ，「動き」を理解するためにみんなで紙モデル犬や粘土の犬をつくりながら，形や動きの特徴をまとめます。

　じっとしてくれない生きたモデルの犬を描くのですから，まず，しっかり犬と遊ぶことです。自分で見つけた好きな犬のポーズを描くようにします。

　犬の柔らかい毛の感じを出すためにパスと絵の具を併用します。

＜準備物＞

　4つ切り画用紙，パス，絵の具道具一式，紙モデル犬（色画用紙，ハトメ，ハサミ）

＜展開＞

　①…1h

　犬を抱いたり餌をあたえたりしながら，ことばで観察したことをまとめる。

　③…2h

　みんなで紙版画の要領で紙モデル犬をつくる。横向き，正面向きの2体をつくり，動く部分をハトメでとめる。

　実物を見ながら，紙モデル犬を動かして遊ぶ。

　③…1h

　好きな犬のポーズを探して，紙モデル犬にも同じポーズをさせて特徴を確認したら，今度は，実物の犬を見ながらパスでスケッチする。

　④…1h

　パスの重色や絵の具の厚ぬりをする。

＜留意点＞

　形を描くときも，色をぬるときも子ども自身が犬に触ってみることが大切です。生きている犬を感じながら描かせたいものです。

　実物を触ったときの実感をイメージしながら，その感じを擬態語（フワフワ，サラサラなど）に置き換えながら彩色します。

（鷲江芙美子）

犬・横向き（1年）

> ⑥ 見て描く絵を，筆で描かせたいと思うのですが，それには，どのようなものを取り上げ，どのように描かせればよいのでしょうか。

1　形知覚の育ちと"見て描く絵"

　かつて，幼児・低学年期の子どもには，"見て描くような絵は，不可能で意味がない"と，V.ローウェンフェルドは考えていました。それは，1947年のことで，今から50年も前の研究で，それが，今でも，日本の子どもの絵の教育の根底にあり，どこへいっても，見て描く絵は，不可能で意味がないと考えられています。

　また，このような絵の描き方を，フランスの児童学者リューケは，「知的リアリズムの段階」と名づけ，子どもはものを見て描くとき，見えたように描くのではなく，知っているように描くのだと説明しています。

　たしかに，子どもには，自然発生的に身につけた絵の描き方があり，ものを見えたように描くのではなく，知っているように描くものです。

　しかし，一方で，その後，子どもの，ものの形を知覚していく発達の過程を明らかにした研究があります。

　1962年，当時，ソビエトのズインチェンコの実験を通しての研究がそれです。

　要約すれば，それは，3歳児と6歳児の目の動きと手の触知のし方の実験で，3歳児は，輪郭を追って，ものの形をとらえることができないが，6歳児は，ものの形の全体（輪郭）をとらえようとする，というものです。

　しかし，ここまでの実験結果は，ローウェンフェルドのとらえ方と変わらないのですが，ズインチェンコの研究は，さらに子どもの目の動きと"触知"の実験を対応させて，ものの形のとらえ方を教え，身につけさせることができるという実験結果を明らかにしています。

　それは，ものの形を，手で触れさせてとらえる（目かくしをして）時の手の動きを調べたもので，3歳児は，手のひら全体でとらえようとするのに対して，6歳児は，手の指先を使って，形の輪郭をとらえようとする違いを発見し，3歳児に，6歳児と同じ触り方を教えてやれば，目の動きも，6歳児と同じ動きをするようになるということでした。

　このように，幼児・低学年期の子どもでも指導のし方によって，輪郭を追って形をとらえることができるようになることが明らかにされています。

　しかも，子どものこのような能力は，ものごとを，より具体的に事実に即してとらえる視覚的な能力として大切なものです。

　見て描く絵は，子どもにとって"不可能で意味がない"のではなく，むしろ，積極的に，ものの形を的確にとらえ，描くことのできるような指導を重視しなければなりません。

　また，指導の上で大切なのは，子どもの"ものを見てとらえるときの意識，興味，関心を引き出す働きかけ方"にあります。

見て描く絵

2　1年指導事例

○題材「わらいっこの顔」

〈指導のねらい〉

　入学して間もない1年生は，少し緊張しています。となりの席の子と"にらめっこ"をして，友だちになれるようにします。

　　だるまさん　だるまさん
　　にらめっこしましょ　わらったらだめよ
　　ウッ　プッ　プッ

　鼻をつまむ子，ペチャンコにする子，目を寄せる，大きな口をあける子……教室は，一瞬静かになりますが，後は笑い声でいっぱいになりました。

　何度かくり返しているうちに，となりの席の子から後ろの席の子へと，にらめっこの相手が変わっていきました。にらめっこをして，恥ずかしそうに笑っていた子も，笑顔がこぼれてきました。

　　だまるさん　だるまさん
　　わらいっこしましょ　わらったらかちよ
　　わっ　は　は

　こうして，にらめっこの友だちを描こうと指導を展開していきます。

〈準備物〉

　画用紙，点つき筆，すずり石，墨汁，習字用の下敷

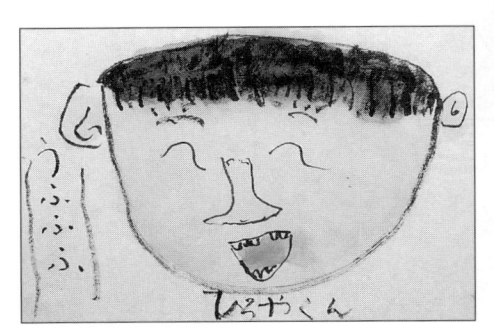

〈展開〉

（1）描くときの約束

○かたつむりのように，ゆっくり，ゆっくり筆でていねいに描く。

○友だちの笑顔で，一番心に残り，描いてみたい笑顔を描く。

○描いていて，気に入らなかったり，失敗したなぁと思ったら，紙をだまって取りにくる。

（2）描く順序

①　向かい合わせに座って描く。

②　目を描く。目の表情をよく思い出して，上り目，下がり目……等。

③　鼻，口，顔の輪郭，耳，髪の毛と順に自分の思いが絵に出るように，形や位置にとらわれずに描く。

④　髪の毛は，単純な点線になってしまうので頭の先から髪の毛が出ていて，厚みがあることを友だちや自分の頭を触って感じとり，描くようにする。

〈留意点〉

　できあがった絵は，友だちと見せ合って鑑賞します。

（平野育子）

友だちの顔（1年）

7 「なわとびをする友だち」を見て描かせたら，友だちの動きのある形が描けない子が多いように思います。どのように指導したらよいのでしょうか。

1 観察したことをシルエットに

動きのある姿を描く前に，静止した正面後ろ姿，側面の全身の立像と順次指導していけば低学年でも動きのある人が描けます。

つぎに動きが観察しやすい緩慢な動作（綱引きや虫を捕まえようとしたところなど）を自分の身体で動作化したりモデルの動きを観察したりします。動きをとらえやすくするために粘土で立体表現したり，紙版画の手法で平面のシルエットに置き換えたりして，形を描きやすくする工夫をします。

人体のポーズ研究に使われているモデル人形をヒントに考案された紙モデル人形で，身体の傾きや腕や脚の曲がり具合などをとらえるのも便利です。

（動作化→見て観察→紙モデル人形動作化→見て描く）をくり返すようにしましょう。

2 紙モデル人形をつくって遊ぶ

立体のモデル人形を平面の厚紙に型どり印刷し切り抜きます。ハトメなどで関節部分をつなぎます。

下の図は栗岡英之助考案の紙モデル人形ですが，これを参考に子ども達に自分自身の紙の体操人形を造形遊びとしてつくらせてみましょう。

人の動きを観察して，自分の身体で確かめて，紙モデル人形にも同じ動作をさせます。

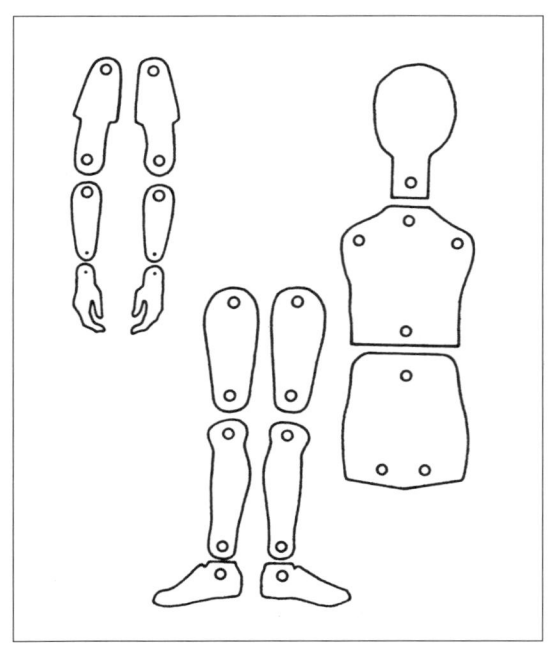

紙モデル人形（正面向き）　　　　　紙モデル人形（横向き）

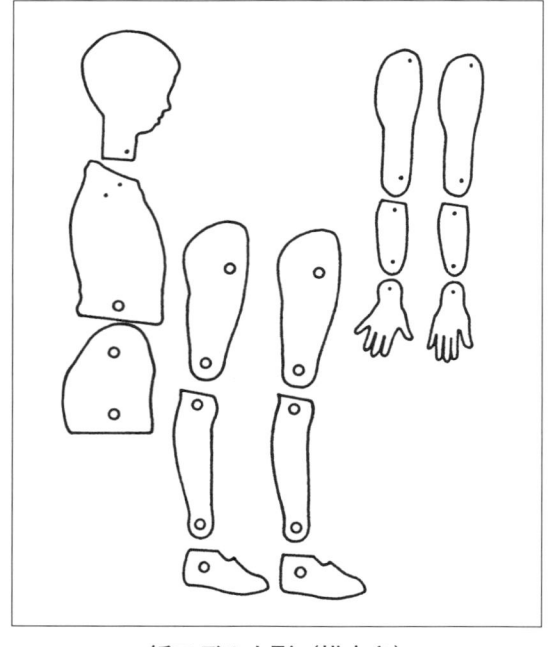

見て描く絵

3　1年指導事例

○題材「なわとびのれんしゅう」

＜指導のねらい＞

なわとびの練習をする友だちを見て描き，なわとびの練習風景を1枚の絵にします。

友だちがなわとびをしているところを観察しますが，よくわかりません。そこで，まず自分の身体を動かしてどの部分の動きを見るのか体験させます。脇が絞られているか？　手首が滑らかに回っているか？軽やかに跳躍しているか？……体育科のなわとび指導のポイントが動きの観察のポイントとなります。体育科と図工科の合科的指導をします。

自分の体操人形を使って画用紙の上で上手ななわとびをさせ，もう一度モデルの友だちのなわとびをしているところを見ます。

このようにして，動きを意識してとらえ直しシルエット化します。しかし，一番大切なことは上手になわとびができるようにがんばる友だちのようすをしっかり観察することと自分の身体を動かして，動きを確かめて動きのある形を探すことです。

＜準備物＞

絵日記，4つ切り画用紙，鉛筆，絵の具道具一式，自作の紙体操人形（正面と横）

＜展開＞

①…1h

絵日記をかき，読み合って交換する。

②…2h

なわとび練習するグループと観察スケッチグループに分かれて，体操人形のシルエット化と鉛筆スケッチを交替する。

③…1h

交替でモデルになり，見て描く。

④…2h

彩色する。

＜留意点＞

紙モデル人形を写し描きして，形にこだわりすぎると機械的で均一な絵になります。子ども自身が身体で見つけ出した動きの雰囲気を大切にして描かせます。

「見る」ことの基本の「自分でしてミル」ことによって動きの表現がいきいきしてきます。動作化してミルことを大切にしましょう。

（鷲江芙美子）

なわとびのれんしゅう（1年）

> 8 野菜を見て描かせたいと思います。どのように見させ，どのように描かせればよいでしょうか。その指導の手順を教えてください。

1　季節の野菜と子どものくらし

スーパーマーケットに行けば，たいていの野菜は年中店頭で見かけられるようになってきました。一見，生活は豊かになったようですが，以前のように，旬の野菜のおいしさを味わったり，その野菜を見て，「いよいよ秋がきた」などと季節の移り変わりを感じるうれしさがなくなってきました。

町の中に残っていた田や畑は，みるみる駐車場に変わり，野菜が育っていくのを見られなくなり，子どもたちのくらしにはうるおいがなくなってきました。

生活科とも関連させて，子どもたちに土に親しませ，野菜や花を育てる経験をぜひさせたいものです。

2　見て描かせる野菜の選び方

まっすぐなきゅうりや，葉を切りとられた大根，洗って皮までむかれたこいも等，描くときのおもしろさ，楽しさのないものが多くなっていますが，できるだけ自然に近いものを選びます。

低学年の子どもたちには，あまり複雑でないものが適しています。

次に題材例をあげますが，地域性も考慮に入れながら，生活に身近なものの中から見つけるようにしましょう。

——大根，かぶ，ねぎ——

やはり一番身近にあるものです。大根といえば"白い"ということになりますが，描く場合は，紙の白さや絵の具の白さ等と違う大根の白さに気づかせるようにします。青首の部分と下の白い部分との境目をどうするか。"ぼかし"の方法はいくつかありますが，低学年の子にとっては新しい経験なので，小さい別紙にいろいろ試させます。うまくいくと"ぼかし"に興味をもって，他のものを描くときにも応用するようになります。

ねぎにも"ぼかし"の部分があります。かぶは，大根とは違う"丸さ"を見させるようにします。

——さやえんどう——

生活科で栽培させようとしている教科書がいくつかありました。手のひらにちょうどのる大きさなので扱いやすいと思います。平面的で，実の入ったところがふくらんでいてよくわかります。1つだけでなく，2〜3個描かせます。それだけでもよいのですが，皿や竹ざるにのっているようにまわりをかこんでもよいでしょう。

——赤かぶ——

成長が早いので，子どもたちが栽培したものを描けると最適です。大きさも手頃です

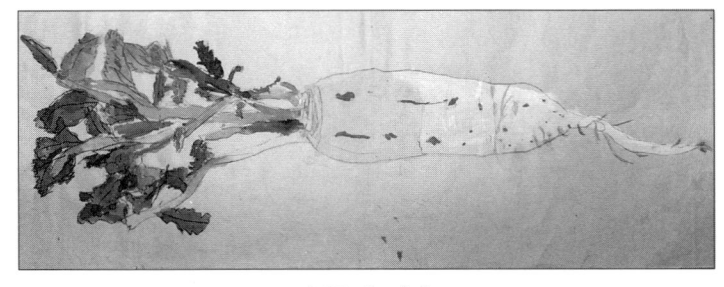

大根（1年）

見て描く絵

し，かぶの赤紫に葉の緑色がよく映えます。

3　2年指導事例

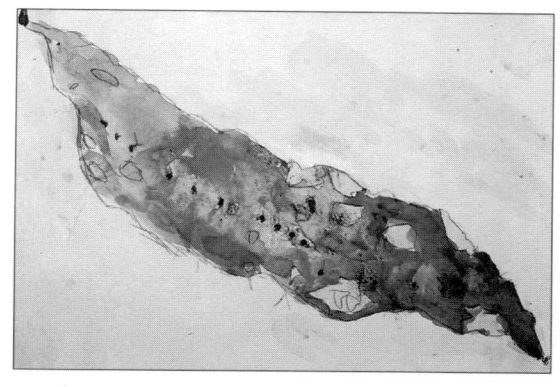

さつまいも（2年）

○題材「さつまいも」

〈指導のねらい〉

　さつまいもの栽培を取り上げている生活科の教科書をよく見かけます。子どもたちが育てたいもを描ければ理想的です。

　以下の展開例は，1個を見て描かせたものですが，いものつるにつながっているものや掘ったときのようすを描かせるのもよいと思います。

・実物大に描く。画面にどのように入れるか見当をつける。

・混色によって，さつまいもの色をつくる。

〈準備物〉

　さつまいも（できるだけ大きいほうが見やすい。描く前にさっと水で洗うと色が鮮明になって色をつくりやすい），実物大に描ける大きさの画用紙16切り位，鉛筆，絵の具，ためしぬりの小さい紙

〈展開〉

①　食べた経験，育てたときのことなどを思い出して話し合う。

②　実物大か，それよりも少し大きめに描くことにする。小さくなりがちな子もいるので，紙にいもをのせて両端の切り口だけ先に描いておくと小さくなるのを防げる。

③　いもの上側の線を描く。どんな山になっているだろう。ゆっくりと描く。次にいもの下側の線を描く。

④　凹んだところや，皮のめくれているところ，きず，ひげ根等も描き加える。

⑤　着彩。両端の切り口や④で描いた部分を先にぬる。いもはどの色を混ぜ合わせればよいか，ためしぬりの紙にぬってみてから，先にぬった小さな部分を除きながら着彩していく。

（西沢すみ子）

いもほり（1年）

⑨ 彩色の指導として秋のくだものを見て描かせたいと思います。どんなくだものを,どのように描かせればよいのでしょうか。その彩色指導のポイントを教えてください。

1　果物の豊富な秋

秋には，リンゴ，柿，ナシ，ブドウなど，いろいろなくだものができます。山へ行けば，クリ，アケビなども実っています。子どもたちに手にとってよく見させ，今まで気づかなかったことなども発見させながら描かせましょう。

2　彩色指導のポイント（3原色のうちの2色を混ぜる）

そのもの固有の名がそのまま色の名まえになっているものがあります。ミカン色，柿色，橙色，レモン色，桃色，草色など，すぐにいくつも思いうかびます。

しかし，実物とその名がついた色鉛筆や絵の具をくらべてみると，ずいぶん違うということがはっきりわかります。

低学年の子どもたちが色をぬる場合，草なら草色，空なら空色というように概念的にぬっている場合をよく見かけるので，子どものもっている色の幅をひろげる機会を多くしてやりたいと思います。

ここでは「柿」の事例をあげましたが，色の三原色（赤，黄，青）のうちの赤と黄の混色を経験させ，「柿色のものさしづくり」をしてから着彩させるようにしています。

低学年では，パレットや画面上で偶然に混色できることはよくありますが，意図的な混色はあまりありません。

たとえば，ブドウなら，紫色をさっとぬって終わりにしないで，三原色の赤と青でいろいろな紫色をつくって模様遊びをしてから丸く切りぬき，はり重ねてブドウのふさをつくるのも楽しくできます。

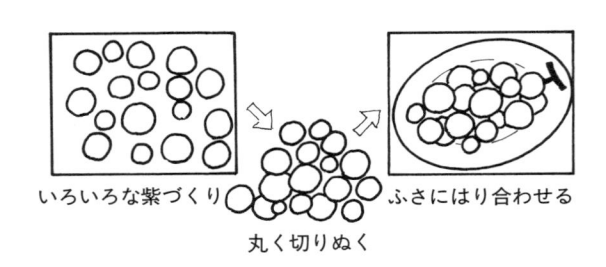

柿（2年）

いろいろな紫づくり　丸く切りぬく　ふさにはり合わせる

三原色の青と黄の混色は，草やメロン，マスカットなどを描くときに試みさせたいです。

混色の力をつけると着彩の幅がぐんと広がります。

混色するときの筆への水の含ませ方やすすぎ方，色数が多いと濁ってしまうことなど，基本的なことはわからせておくことが大切です。

低学年の混色では，赤と白でピンク色をつくるというように白を加える方法，また，水の量を少しずつ多くして，薄い色をつく

見て描く絵

ることも経験させたいものです。

3 2年指導事例

○題材「かき」

＜指導のねらい＞

秋の代表的なくだもので、手に入れやすい柿を2年の見て描く題材として選びました。

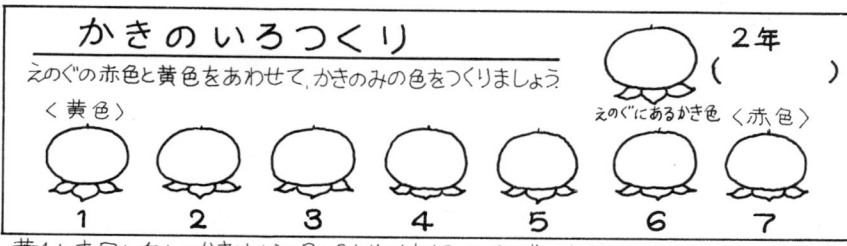

```
かきのいろつくり                            2年
えのぐの赤色と黄色をあわせて,かきのみの色をつくりましょう
＜黄色＞                                  えのぐにあるかき色＜赤色＞
  1   2   3   4   5   6   7
黄1と赤7と右上のかきは,絵の具の色をそのままぬる。2～6は黄に赤を少しずつ加えて赤に近づける。
```

・柿のもつ特徴的な形、色、質感を感じとる。

・他のくだものとは違う柿の特徴的な形をとらえる。

・絵の具の柿色と実物の柿色とを比較し、混色（赤＋黄）による柿色の工夫をする。

＜準備物＞

柿は1人に1個、くらべるためにリンゴ・ミカンを班に1個ずつ、白画用紙16切り、鉛筆、絵の具

＜展開＞

① 紙袋に、柿、ミカン、リンゴを1個ずつ入れ、外から見えないようにしておく。袋の口から手を入れて、手ざわりでつかんだくだものが何か、"あてっこ"をする。触った感触やにおいなどで、柿の特徴を他のくだものとの比較でとらえることができる（つるつる・冷たい・かたい・重い・へたのところがざらざらしている等）。

② 紙袋から出して、かきについて見つけたことなどを話し合う。

③ 画面への入れ方を考える。紙の上においてみる。画面の片側にへたのついたほうから見たところ、もう一方に反対側から見たところを描く。

④ へたのついている方から先に描く。外側の輪郭から描き始めるよりも、まず、へたの中心からくわしく描き、次にへた、その次に実の輪郭へと描きひろげる。きず等も目立つものは描きこむ。次に実をうら返して、大体同じ大きさになるように描く。

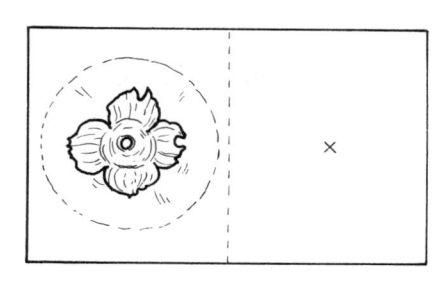

⑤ 絵の具の柿色と実物の柿の色とをくらべ、どうすれば柿の色ができるか予想を立てる。赤と黄で柿の色ができることがわかり、色のものさしづくりをする（上図）。

⑥ 前時の経験を生かして柿の色をぬる。へたの中心の色、へたの色、柿の実の順にぬる。

＜留意点＞

色の扱い方を充分配慮して描かせるようにしたいものです。

（西沢すみ子）

⑩ 先生を見て描く時，「よく見なさい」というのに，ほとんど見ないで描いてしまいます。どのように見させ，描かせればよいのでしょうか。その指導法を教えてください。

1　見せ方を工夫しよう

低学年の子どもたちは，見たように描くのでなく，知っている形を描きます。知っているパターン（図式）を当てはめるのです。

また「よく見なさい」と指示すると，子どもたちはよく見ようとしますが，見方と描き方がわかりませんから，結果としてほとんど見ないで描いてしまうのです。

頭から描かないで，足元から上に描いていくのも１つの方法です。足元から描くとなると知ってる形では描けません。どうしても見ないと描けなくなります。

また比較して見せるのも効果的です。比較することで違いを見ようとし始めます。

要はふだん知っているパターンでは当てはめられない見方を工夫することです。

2　目と手を協働させる「空中描き」

目だけに頼るのでなく，目と手を協働させて見ることが大切です。そのための見方と描き方を統一した方法の１つに「空中描き」があります。

対象物の輪郭を目で追いながら，それに合わせて手を協働させていく方法です。

鉛筆をもった腕を十分にのばし，片目を閉じて，鉛筆の先を対象物の１点に合わせゆっくり少しずつ対象の輪郭にそって動かします。何度かその空中でのドローイングをくり返し，そこで記憶した形を画用紙上に再現していきます。

初めは子どもたちも慣れていませんから，先生が子どもと一緒に空中描きしながら見る部分を指示し，黒板に描いていくとよいでしょう。

たとえば人物なら，「頭の一番上に鉛筆の先を合わせて，そこから右の耳の横まで動かしていくよ」「次はあごの下まで動かしてみよう」というように，少しずつ区切って「空中描き」をさせましょう。

一度に全体を「空中描き」すると，子どもたちの注意力も散漫になります。少しずつ集中させながら，輪郭をゆっくりたどっていくことがコツです。

肩に力を入れずに，ゆったりとした気持ちで描かせましょう。

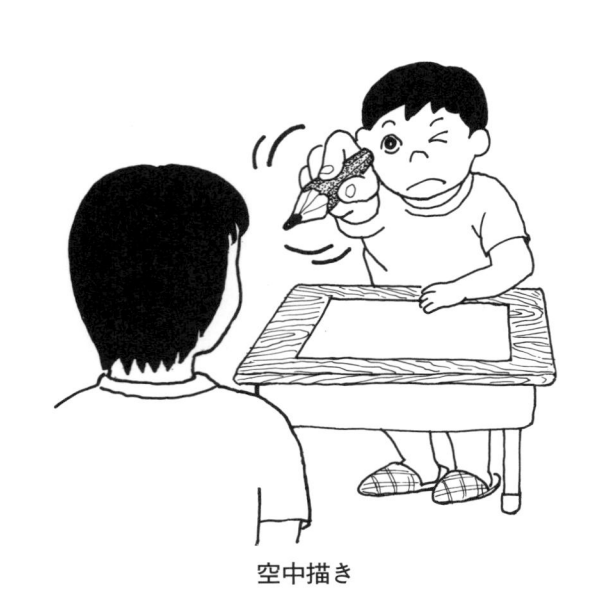

空中描き

3　1年指導事例

○題材「先生の顔」

<指導のねらい>

　子どもたちに顔を描かせると，だいたいまるい円に描き，目をその上部に，鼻をまん中に描きます。

　幾人かの顔をくらべながら，縦長の顔や円い顔，四角っぽい顔など人によってさまざまであることを教え，先生の顔はどうかよく観察させましょう。

　ここでのねらいは顔の特徴を輪郭線をおって描くことと，顔の各部分の位置関係をとらえて描くことです。先に述べた「空中描き」をくり返して形を確かめるのが大切です。

<準備物>

　8つ切り画用紙1/2，水彩用具（またはクレパスやカラーペン），鉛筆2B，試し紙

<展開>

　(1)　顔の輪郭，各部分の位置をとらえる

　顔の大きさや形，特徴を幾人かの子と比較しながら観察します。先生の顔の特徴を，いろいろ言わせてみましょう。

　次に輪郭にそって，少しずつ「空中描き」をくり返します。また鼻，目，口，耳の位置や形を観察します。

　(2)　画面を決める

　縦，横の中央線を鉛筆で薄く引き，鼻の位置を決め，次に顔と体の輪郭を空中描きで記憶した形で描き，鼻，目，口，耳，髪の順で各部分を描きます。

　(3)　色をつける

　もとになる肌色（茶＋白）をぬり，乾いた後に濃いところや薄いところ，赤っぽいところ，すべすべしているところなどを話し合って，試し紙で確かめながら，色を加えていきます。

<留意点>

　描く前に「空中描き」をくり返し，形をよくつかんでから，用紙に描くようにしましょう。

　描き終わった作品を掲示して，みんなで先生らしく描かれているところを見つけ合ってみればよいでしょう。

　「よく見てるね」「鼻がいいね」「はみ出さずにぬっているね」「ていねいに描いたね」など個々のよさを見つけ評価します。

先生の顔（1年）

4 2年指導事例

○題材「先生と友だち」

<指導のねらい>

2年生ともなると，ものを見る力もすすんできます。人物でも全身像を描かせてみたい時期です。

ここでは「先生と友だち」という題材を設定してみました。

1人の全身像でもよいのですが，大人と子どもの比較で見ると，興味も増し，より注意深く見るようになります。

「先生と友だち」は大人と子どもですから，背丈の違いも，顔の大きさや形の違いもはっきりしています。そうした違いを比較しながら大小関係をとらえ，全身像を描く題材です。

<準備物>

8つ切り画用紙，鉛筆B，水彩用具，試し紙

<展開>

(1) 人物の全身像をとらえて描く。

背くらべをして，背丈や肩幅，顔の大きさや顔つき，手や足の長さなど違いを観察して発表する。

つぎに先生の顔，首，肩幅，胴，腕や手，足の長さを目測し，画面に顔，胴，足のおおまかな目安の線と肩幅の広さを薄く描き入れる。

そのあと空中描きをくり返して描いていく。全身を描くのだから，顔，肩，手，……と，各部分で区切りながら，目安をもとに描きすすんでいく。

およそ描けたら顔の各部分や衣服を描く。

友だちは先生を基準に同じ手順で描く。その時先生との違い（顔の大きさ，肩幅，胴や足の長さ，太さなど）を再度くらべさせる。なお足の位置は同じ高さになるようにする。

背景は黒板など後ろに見えるものを簡単に入れておく。

(2) 色をつける

輪郭線をはみ出さないように注意してぬっていく。

<留意点>

先生と子どもの背や幅の違いや頭部，胴，足，手の割合が描けたか話し合いましょう。

細部にこだわらず，おおまかにとらえていればよいのです。　　　　（加藤克弘）

先生と友だち（2年）

黎明書房

〒460-0002
名古屋市中区丸の内3-6-27 EBSビル
TEL.052-962-3045
FAX.052-951-9065／052-951-8886
http://www1.biz.biglobe.ne.jp/~reimei/
E-mail:reimei@mui.biglobe.ne.jp
東京連絡所／TEL.03-3268-3470

■価格は税[5％]込みで表示されています。

黎明ニュース 新刊・近刊案内

REIMEI SHOBO

NO.132
2007 11-
2008 1月

見て描く絵

> [11] 魚の干物を見て描かせたいと思います。低学年の子には，どんな魚の干物を取り上げればよいのでしょうか。また，その場合の指導のポイントを教えてください。

1 干物の特徴と選び方

　魚を見て描かせようとしても，日がたつにつれて，どんどんいたんで，色が変わりひどい臭いになってしまいます。とても描き続けられません。

　その点，干物の場合は日もちがするのでそんな心配はありません。干物は祖先の知恵と，生活に身近な素朴さなどを私たちに感じさせます。

　干物はなまのものと違い，干したことによって手にのせて見ることもでき観察しやすいです。また干物独特のおもしろい形になっています。低学年の子が描く場合，十分に対象をとらえきれなかったとしても，干物自体のもつおもしろさが描く力をおぎなってくれるといえます。

　とはいっても，低学年の子に描かせる場合，やはり色や形があまり複雑なものは向いていません。

　魚屋の店頭に，何度が立ってみてください。適当なものがいくつか見つかります。

2　2年指導事例

○題材「めざし」

＜魚の選び方と描くための準備＞

・小さいめざしなら，いつ店に行っても売っていますが，時々，大きくて色が鮮明で描きやすいものが出るので，そんな時に買います。

・わらに4匹ずつさして売られているのでこれを2匹ずつにさしかえます。1匹よりも2匹の方が，くらべて描くことができ，4匹では多すぎて，どれもいいかげんになってしまうからです。

・和紙に，絵の具の黒色を使って筆で直接線描きします。和紙はまっ白よりも生なりの色か，うすい色のついたもの（茶色，ベージュ，灰色など）を選ぶ方が干し魚の色をひきたてます。和紙は大きいので，適当な大きさに切りわけます。16切位。

＜指導のねらい＞

・干したために一般的な魚とは少し違っている形や色を，自分の感覚を働かせて（目で見たり，触ったり，においをかいだりしたことをもとにして）とらえます。

・頭，胴，尾などからできている体のつくりがわかるようにします。

・わらに通して，つなぎ合わせてあるおもしろさをとらえ，2匹の違いを比較して見るようにします。

・画面への入れ方を工夫します。

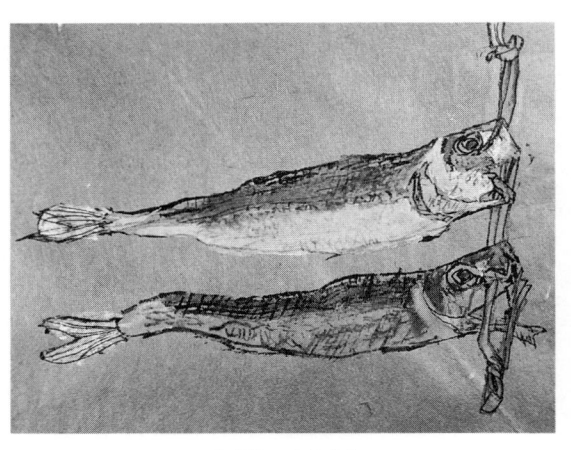

めざし（2年）

<展開>
① めざしについて話し合う。
・食べたことがあるかなど，自分の生活とのかかわりについて考える。
・めざしはどうなっているか調べてみる（さわる，におう，おさえる等）。
・どんな部分からできているか，その部分はどうなっているか，調べる（頭，胴，尾について，手ざわり，かたさ，色あいなどを調べる）。
② 画面へどのように入れるか考える。紙にのせてみる。
③ 描く。
・まず1匹描き，次にもう1匹を，違い（大小，体のそり方，向きなど）を見つけながら描く。
・鉛筆などで下描きせずに直接描くと，まちがったと思っても消せないので緊張感がある。干したための曲がりぐあいを強弱をつけて筆で線描きする。
・ちょうどよい色がつくれたら着彩する。色はあまり重ねぬりしない。

<作品の生かし方>
和紙を，少し大きめの台紙に貼って，みんなで見る。色つきの和紙の場合は，白画用紙に貼るとひきたつ。

3　その他の題材例

○「するめ」2年

平面的でとらえやすい形です。どんな部分からできているか調べさせます。色は茶色のさまざまな色なので，同じような色の中での小さな変化を見つけさせるようにします。以前とくらべて値段が高くなってきましたが，できれば1人に1枚ずつもたせて描かせたいものです。

○「干しがれい」2年

できれば干したかれいと，生のかれいをくらべて見させたいです。

形は，およそ「ひし形」といえるでしょう。目の位置，ひれのついている場所など一般的な魚の形とは異っているので，それらを見させるようにします。

干したかれいを触ったり，すかしたりして，骨や肉の構造が線で表わせることに気づかせます。

色は，うす茶，黄，白など部分によって変化しているのを混色で工夫して表現させます。

○「あじのひらき」2年

背中でつながっているものと，腹でつながっているものがあり，片方に骨がついていますが，ほぼ対称的な形です。

ひらいて，同じ形が向き合っているわけですが，低学年の子どもたちには，どうも描きにくかったようです。

（西沢すみ子）

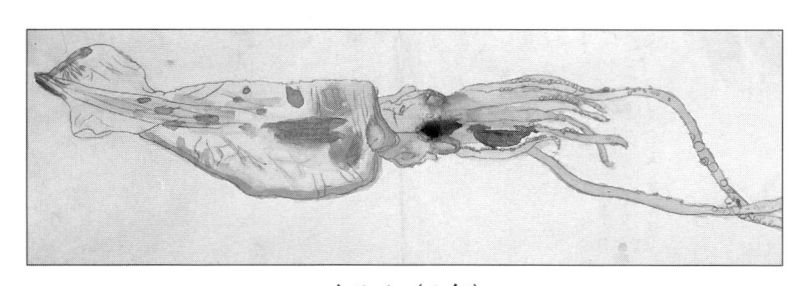

するめ（2年）

見て描く絵

[12] 校庭の木を見て描かせたいと思います。どのようなことに気をつけて描かせればよいのでしょうか。その指導のポイントを教えてください。

1　季節を感じさせる木を描かせよう

「春を感じさせる若葉の木・初夏の青々とした緑葉の木・黄や赤に変化していく秋の木・落葉して枝だけになった冬の木」を描かせてみましょう。

同じ木を季節ごとに描いて、詩文をつけ、自作の絵本にまとめるのもよいでしょう。

まず、描こうとする木と描き手の子どもが対話するように、子どもがその木をどう思いどう感じたか文にまとめてみます。詩をつくるのもよいと思います。

「木の形や色が上手に描ける」ことと「子どもの認識する力や感じる力がつく」こととは比例して伸びるものです。つまり、描こうとする対象物について描き手がしっかり見て感じ、考えることが重要なのです。

「見て描く絵」の指導でも、描く前や描いた後に作文や詩を書かせ、自分の思いを言語化することも大切にします。

2　「見る」とは目でミルだけでない！

栗岡英之助は「見る」ことを①触ってみる、②嗅いでみる、③聴いてみる、④動きをみる、⑤細かくみる、という見方を提示し「素直にものごとを見て、ことば化するところに表現を育てる基本があります。素直にみる、とは、五感のすべてをはたらかせて、ということに他なりません」と述べています（『乳幼児期の表現』明治図書出版）。

木を見て描くとき、次のような働きかけをしていくと、よく見えるのではないでしょうか。

① 木に近づいて触ってみましょう。匂いも嗅いでみましょう。
↓
② 木を離れて細かいところまでしっかり観察してみましょう。
↓
③ 触って、嗅いで、目で見つけたことや感じたことをことばにしてみましょう。
↓
④ 木とお話するように作文や詩を書いてみましょう。
↓
⑤ 木とお話するようによく見て描きます。

これは、だれもがみんなうまくできるものではありません。

一対一の対応がどうしても大切です。

3　同じ木を四季折々で描いてみよう！

春に描いた校庭の木を、季節を変えて描かせましょう。同じ大きさの紙に描かせておいて、春夏秋冬の4頁分をつないだ、それぞれの季節ごとの学校行事にかかわった絵日記を間に貼って、8頁分の折りたたんだパタパタ絵本にまとめてみます。季節ごとにはっきりと形や色が変化する落葉樹が望ましいと思います。

同じ木で描くことは、色の変化がよくわかることや前に描いた自分の絵が、1つの尺度となって、比較検討しながら自分自身で形や色の工夫ができます。

同じ木を、同じ場所から描かせることや

四季折々に描いたものをつなぐのですから絵日記の1頁分と同じ大きさになるよう注意しましょう。

4　2年指導事例

○題材「春の木」

<指導のねらい>

校庭の木を観察して「春,柔らかい芽を出している木」を探します。

触ったり,嗅いだりした後で,木の上から下まで全部見える位置までさがらせ,観察して気づいたことを話し合わせます。

地面に近いところをまず描かせます。つまり基底線から描き始めるわけです。

鉛筆をもつ手をまっすぐ対象物の木の方に向けて,空中で実物の木の線をたどって描く"空中描き"を練習して「目で物の形の輪郭線を追う」ようにします。

色も同じようにことばで表しながら彩色させましょう。

<準備物>

薄い色画用紙,鉛筆,絵の具道具一式

<展開>

① 観察したことを,木を囲みながら話し合い,ことばでまとめる。

② 基底線の部分を描いて,みんなで"空中描き"をする。

③ 木の幹を描いてから枝を描くように指示して,各自で鉛筆描きする。ことばに置き換えたことをもう一度よく目で見直しながら描かせる。

④ 彩色する前にもう1度みんなで色について話し合い,ことばでまとめる。

⑤彩色する。

⑥みんなの絵を見ながら,話し合う。

<留意点>

「みる」ことは単に目で見るだけでないことを実際に触ったり,嗅いだりして話し合い,みんなが気づいたことをまとめるとたくさんのことがよくわかります。どのように観察していくのか,見る方法を体験させてください。

同じ位置から,季節を変えて,色の変化を中心に同じ木を描かせてみましょう。彩色のときの見る見方を次は学習します。

春夏秋冬,同じ木を描いてつないでみるのもよいでしょう。

大切なのは,子どもの感じ方です。それぞれの子どもの感じ方を大事にしたいと思います。

（鷲江芙美子）

春の木（2年）

くらしの絵

コマまわし（1年）P.79

麦かりからうどんづくりまで（2年）P.75

> 1 くらし（生活）の絵を描かせようと思います。くらしをどのようにとらえ，どのような題材で描かせればよいのでしょうか。その指導のポイントを教えてください。

1　生活する子どもと表現

「子どもの生活は遊びである」といわれています。しかし，実際には，単なる遊びの世界だけではありません。

子どもには，直接的に，また間接的に大人の生活世界に触れ，かかわり合って生きている生活があります。

ここに，そのことを示す事例があります。

"下の絵と詩は，A子ちゃん（4歳）が登園してきて，この絵を描き，語ったことを先生が書きとめたものです。

絵の中で，A子ちゃんは食卓に背を向けて泣きべそ顔で立っています。天井は暗くおおいかぶさるように描かれています。

それでも登園してきて描き，語ったのは「あさ　おきたら　ママ　せんたくしてた」からです。

この絵と詩のように，子どもは，子どもなりに心を痛め，ママを思い，パパを思いやる生活があります。"（栗岡英之助著『乳幼児期の表現』明治図書出版より）

幼児・低学年期の子どもにも，このような大人と交わす実生活があり，それに対する子どもの思いや考えがあります。

生活は，このような具体的な実際の経験を重ねながら，子どもは喜怒哀楽の感情を味わい，心（精神）の世界を形づくっていくのです。

くらし（生活）を絵に描く活動は，新しい生活科の中で考えられている疑似的な生活経験の再現や生活の見直しのようなものでなく，子ども自身が実感をもって経験しているなまの生活経験そのものを取り出し，表現する（描く）ことです。

子どもは，その経験を描こうとする活動の中で，経験したことを洗い直したり，確かめたりして，経験そのものを意味づけ，反省するような総括をしていくのです。

　　口頭詩
ゆうべ　パパとママと　けんかして
パパが　ママを　たたいた
ママは　ないて　でていった
パパも　おこってた
わたし　ひとり　ごはんたべんとまってた
こんなとき　いややなぁー
ごはん　たべなかった　たべんとねた
あさおきたら　ママ　せんたくしてた

パパとママとけんかした（4歳）

2　くらしの中の想像活動

子どもたちの中に，よく「描くことがない」とか「何描いたらいいの」などという子がいます。

"描くことがない" "描くことがわからない"というのは，子どもたちへの題材の提

示のし方の問題はあるにしても，かつての子どもたちにくらべて，今の子どもたちの中に多いのも事実です。

これは，子どもたちの単なる描く力（描写力）の弱さにあるのではなく，想像力の弱さにあるのです。

子どもは，見ること，聞くこと，触れることなどの感覚的なものを手がかりにして能動的に"ものごと"にかかわりを求めていきます。そして，記憶したり予想したりする想像の世界を広げ，深めていくのです。

最近の子どもたちの問題行動も，このような体を通して"ものごと"にかかわっていく生活世界が時間的にも空間的にもせばめられ，ことばによってつくられた概念だけでものごとを判断したり，行動したりするようなところから生まれてきたものです。

くらしを描くことは，記憶を再現するということに深くかかわる想像活動です。

"描くことがない"というのは，くらしの中で印象深く記憶されるような経験がないからです。

心に深く刻みこまれるような経験がないというのは，感覚や感情のうねりや高まりを生活の中で実感することがないということでもあるわけです。

この実感として強く意識するようなことのない生活が，子どもたちの想像力・思考力を退化させていっているのです。

3　描く感性と認識を育てる

子どもが描く「くらしの絵」は，個々の子どもの具体的な経験を再現していく想像によって描かれていくものです。

そして，この想像の世界は，個々の子どもの感覚や感情，情緒，知覚や認識に基づいてつくられていきます。

○具体的な事実から知る世界を深める

くらしの中の具体的な事実に基づいて，自然のこと，社会のこと，人間のこと，広い世間一般のことを，より深く確かにつかませていくこと。

○五感を使ってとらえ直す

"ものごと"を概念や観念（思い込みやきめつけ）でとらえるのではなく，五感（視覚，聴覚，触覚，臭覚，味覚）を通して，くらしの中のあれこれをとらえ直し，感覚を鋭くみがき上げること。

○感情を掘り起こし育てる

子どもが"ものごと"にかかわったときに抱く感じや思いを掘り起こし，素直に表現させることで，その思いや感じを噛みしめ，深めさせていくこと。

4　くらしの絵は，関係を描くこと

子どもが，身のまわりのものごとに，どのようなかかわりをもつか，そして，それをどう意識するかは，子どもの心（精神）の動きに深くかかわっています。

くらしの表現は，"関係の表現"だともいえます。

子どもが，身のまわりのものごとにかかわる"関係"を意識し，それをとらえることで想像が成り立ち，表現する（描く）ことが具体化していくのです。

しかも，この関係意識は，日頃の具体的な人やものごととの直接的なかかわりの中で感覚や感情をともないながら，意識され高められていきます。

くらしの"何をとり出すか"それは，"ど

のような関係をとり出すか"なのです。

子どもは、このような関係を意識し、つかみ出すことで、想像が具体化し、表現が展開できるのです。

このような関係のとらえ方が、子どもの感性の細やかさや豊かさをみがき、より深い人間理解を築き上げていくのです。

5　くらしの絵のポイント

○絵日記

絵日記は、とくに、低学年の子どもの生活表現に欠かすことできないものです。

日々のくらしの中で発見したこと、気づいたこと、考えたこと、思ったことなど、どんどん描かせたいものです。

子どもは、描き書くことで、くらしの中の自分と人やものごとのかかわりを意識し、人や生活を深く見つめていくのです。

文のない"絵だけの日記"も大切です。

描かれた絵を見て、子どもと語り合い、心を広げ、深めさせたいものです。

○絵の形式（絵巻や絵本に……）

子どもにとって、できごとの一場面を切りとって描くのは困難なしごとです。

同図異時表現といわれる絵が生まれるのは、幼児・低学年期の子に多く見られます。

それは、子どもが、「何が・どうして・どうなった」というできごとの"なりゆき"にこだわるからです。

時間の流れや空間の変化を順を追って描く「絵巻」や「絵本」形式の絵を描かせるのもよい方法です。

1枚の絵にこだわらず描かせたいものです。

6　題材を選ぶ視点（題材例）

＜絵日記＞　心に残った経験をどんどん描かせる（絵を見せてみんなと語り合う） ・きのう（今日）のこと、おつかい、お手伝い、友だちのこと、近所の人のこと
＜地域（町）のくらし＞　町のお店や工場などのようす、行事のありさまを描く ・見学に行ったこと（お店、工場）、お祭り、地ぞう盆、町の行事
＜学校のくらし＞　学校の行事や授業などのようすを描く（自分の目で見たこと） ・パンづくり、給食、遠足、発表会、ドッヂボール、運動会、そうじ、ボール投げ
＜家庭のくらし＞　お家のくらしのようすや家族のかかわりのようすを描く ・ぼくの家族、おそうじ、お家の朝、お手伝い、兄弟げんか、お母さんのしごと
＜遊び＞　友だちやなかまとのかかわりを中心にした遊びを描く ・友だち、魚つり、キャッチボール、自転車、コマまわし、シャボン玉、おにごっこ
＜自然＞　自然とかかわり合ったようすを描く ・虫とり、小鳥や動物（自然の中の）、飼い犬（猫）、地しん、にじ、雨や風（雷）
＜偶発的なできごと＞　地域や身のまわりで起きたできごとを描く ・けんか、事故、工事、災害（台風、洪水など）、火事、学校の登下校、旅行

（深田岩男）

> ② 低学年の「絵日記」指導は大切なように思いますが，子どもたちの描く「絵日記」をどのようにとらえ，どのように指導すればよいのか教えてください。

1　絵日記で語る「くらしのたより」「しぜんのたより」

　毎日の生活の中で起きたできごとを絵に描き，それを見ながらおしゃべりをさせます。子どもは，絵に描きながら経験したことや思ったことをより確かなものにしていきます。

　"あのね"とみんなに話したいことを絵だけで入学当時は表現します（絵カード）。文字が書けるようになったら，絵と文の両方で表現する絵日記にしていきます。

　絵カードの絵を手がかりに子どもから話を聞き取り，子どものつぶやきを文章化していくと口頭詩・作文の大切な指導にもなります。

　くらしの中のできごとで，みんなに知らせたいこと，自然の中で発見したことで，みんなに知らせたいことを「たより」として絵と文で互いを補いながら表現していきます。

2　クーピー・色鉛筆で気軽に綴ろう

　絵日記は毎日，たくさんかくことが大切です。子どもが楽しんで「描きながら話す・つぶやく」には気軽に短時間で仕上がることが望ましいと思います。

　ノート大の紙に，クーピーや色鉛筆で絵を描くのが適当だと思います。

　毎日，絵を描きお話を綴ることは，子ども自身が自分の生活をしっかり考えるよい機会です。短時間でよいから，かき続けるようにしましょう。

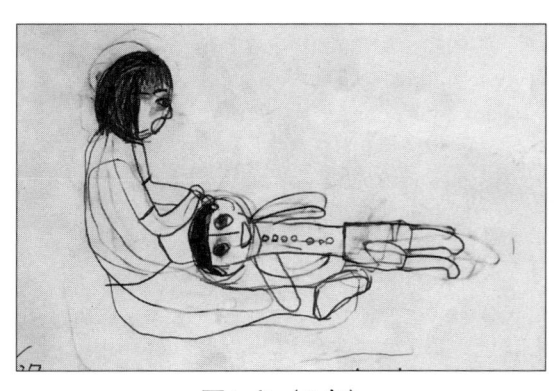

耳かき（1年）

虫がしんだ（1年）

「くらしのたより」…"耳かききもちいいよ"
　プールのまえの日，おかあさんのひざの上にねて，耳かきをしてもらいました。しろくてきいろくてへんなのがいっぱいとれた。おかあさんのひざの上，きもちよかったよ。

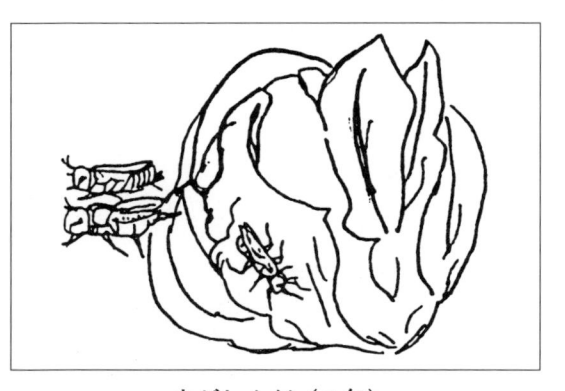

「しぜんのたより」…"虫がしんでいた"
　あさ，ふうふのキリギリスがしんでいた。すぐそばにもう1ぴきよわったのがいた。ノソノソノソ，あおいはの上をしにそうにあるいていた。きょう，さむかったからかな。

3　2年指導事例

○題材「くらしのたより」OHPで映像化して交流

＜指導のねらい＞

　普段の絵日記はクーピーで気軽に綴らせますが，月に1～2回，クラスのみんなの前で自分の「くらしのたより」の絵を見せながら，自分の生活のようすや思いを語るようにします。絵日記の絵は小さいのでみんなに見えるようにOHPで映像化します。

　映像化された絵を見せながら，何を描いたのか語り，いろいろ質問をしてもらったり，どう表現したらよいのか，意見を交流し，もう一度OHP用紙に描き直します。つまり作文の批正をするように，絵をみんなで批正し合い，表現のし方を学びます。

＜準備物＞

　OHP用紙，カラーペン6色，絵日記用紙，クーピー，テープレコーダー，原稿用紙

＜展開＞

①　絵日記を交換して読み合う。

②　みんなに伝えたいものを，1枚選びOHP用紙に絵を描く。

③　OHPで映像化して「何が描きたかったのか」話し，「みんなならどう描くか」意見を出し合って話し合う。

④　再度OHP用紙に絵を描き，みんなに語る文は原稿用紙に書いておく。

⑤　2回目のOHP映像化をして，自分の生活のようすや感じたこと，思ったことを話す。つまり「くらしのたより」をする。テープに録音しておく。

⑥　最後にみんなに語ったことを思い出しながら文章化する。録音したテープも聞かせるようにする。（鷲江芙美子）

おかあさんは，ほうれんそうぎらいのぼくのためにオムレツにしてくれます。（2年）

さくらこうえんのまえの川で，おにいちゃんとザリガニをさがしました。（2年）

くらしの絵

> ③ 子どもが描く「絵日記」は，一人ひとりが違う内容を描くので，一斉に指導するのはむずかしくなります。どのように扱えばよいのでしょうか。

1　子どもの絵日記は心のあらわれ

細やかな目でていねいに絵を読みとることは，担任と子どもとの交流のもとであり，出発点です。幼児がそのへんの紙に何気なく絵を描くのと同様，低学年の子どもが絵日記をかくのは大切な活動です。

朝起きる。おはようと顔をあわせる。食事をし，トイレに行く。1日のはじまりです。なんでもないことですが，幼児が自分でできるようになったことや，思いが1日1日とふえていきます。このような変化や育ちが，生活科では大切に考えられています。このような生活の中から生まれる子どもの描く絵は，心（内意）のあらわれであり，メッセージであって，子どもの心の成長と無縁ではありません。

1年生のはじまりは，先生にとってもはじまりです。子どもの"よびかけ"にていねいに応えていってやりたいものです。

自分のくらしを大切にするとはどんなことか，子どもがとらえる手がかりとして，つぎのようなことを語りかけます。

① 今日はどんなことをしたのかな？
② 笑ったり，うれしかったことは？
③ だれかさんと一緒に遊んだことは？
④ お家の人に頼まれてしたことは？
⑤ 自分1人で遊んだり，したことは？
⑥ 学校へ行く用意は，いつするの？
⑦ 一番よくお話する人はだぁーれ？
⑧ 今日から自分でできるようになったことは？　忘れないうちに，鉛筆描きで絵に描いておいてなど，子どもと話し合って，その内容（項目）を考えておきます。

それは，絵日記の"種まき"となるものです。

2　絵日記のはじまりの指導

絵日記は，図工科や生活科，国語科など，とりやすい時間帯で扱います。

担任が，いくつか項目を考え，子どもにはかって，何を描くか，の心づもりをさせます。そして，決めた項目から内容を取り出して描いていきます。順番を追って描いていくのもよいでしょう。

最初は，広告の紙の裏を使って描いてもよいと思います。日付けや項目の番号もかきます。

絵の上手下手は問題にせず，思いをこめて描いているかどうかをよく見とどけていきます。描き出しのおそい子がいたら，思いをこめて描いている子の絵を見て話し合います。描きおくれている子の描くヒントになるように，何を，どんなに描いているかをつかまえさせます。

通常は，白ノートを使います。

絵日記の絵（1年）

3　1年指導事例

○「鉛筆画での伝え合い」

　Rちゃんは，中国からきた1年生で，入学当初は，ことばが全く通じ合わない学校生活でした。担任のK先生は，Rちゃんとどうかかわり合っていくのか気がかりでした。

＜指導の展開＞（K先生の記録から）

　○Rちゃんと先生のかかわり

　不安に思ったことが，さっそく，入学式の翌日から起こります。

　無表情，返答なし，校内まわりで教室を出ようとしても，石のように体が固まり，机から離れられない。無理に立たそうとすると暴れて泣き叫ぶ。そんな毎日でした。勉強を始めても，Rちゃんは1人鉛筆を握って絵を描いたり，粘土遊びをしていました。国語や算数の勉強では，学用品を出させてくれず，机の中を触ろうとすると，つねったり，たたいたりの大騒ぎという結果の毎日でした。

　体育は，一番苦手で外へ出ないので，校長先生や他の先生たちが見に来てくれたりしました。中国での厚着の生活から，急に薄着の体操服への転換がRちゃんにはむずかしいことだったのです。

　○Rちゃんとクラスの仲間づくり

・"はんかち落とし"…輪の中に入るのがこわくて失敗。
・"はないちもんめ"…手を握って，そのまま遊びに入れるので成功。
・"粘土細工"…自分からすすんで，どんどんものをつくることができる。
・"絵"…鉛筆が大好きで，絵を描いてあげると，本当に嬉しそうな顔を見せる。

　○K先生の描いた絵カード

　K先生の描いた絵は，既製の"絵カード"のかわりになる手描きの絵（鉛筆描き）カードでした。

　"ぼうし""くつ""ランドセル""かばん""けしゴム""えんぴつ"などを描いた絵による交信でした。これは，ことばの獲得以前の視覚にもとづいた"絵ことば"による伝達方法でした。

　いつも，Rちゃんのまわりで応援してくれる女の子たちとも遊べるようになり，家に帰ってからも，近所の女の子と遊ぶようになって，それが"ぼうし""くつ""ランドセル"などの単語を覚える一番のきっかけになっていきました。

　○Rちゃんのプレゼント

　その頃から，K先生を描いた絵が，毎日毎日Rちゃんから先生にプレゼントされます。嬉しそうに「K先生」といって絵をくれるようになります。それはまるで「先生，お友だちになってね」「先生！　仲良く遊んでね」と語りかけてくれているようで心が熱くなり，Rちゃんの悩みや，こまったときに一番の相談相手になっていこうと心に決めました。

　○Rちゃんの成長

　あれから9カ月，Rちゃんはめざましい成長を見せます。

　話すことばが増え，絵にも，驚くほどの細やかな表現が見られるようになります。

　それは，Rちゃんが，生気を取りもどし，自由を手にし始めた人間の姿そのものに見えます。初めの頃，ぽつんと1人を描いた鉛筆画は，まわりに友だちいっぱいの絵に

くらしの絵

なりました。

〈Rちゃんの描いた絵〉

毎日，先生を描いた絵のプレゼントのうちの1枚

Rちゃんと先生が遊んでいるようす（5月）

初めて友だちになった女の子

クラスの友だち

生活科の「わたしのかぞく」の単元で，意味が通じなかったのか家族ではなく，学校のようすを描いてくれた。

クラスの女の子と男の子のペア。他の子ども同様，だれがどの子を好きなのか，大変興味があるよう。

夏休み明けに描いてくれた絵

休み時間にみんなでなわとびをしたようす。
今までは女の子の友だちが登場していたが，男の子も出てくるようになった（黒ぬりのズボンが男の子）。

（狩場和子）

4 入学初期の子どもに「学校であったこと」を絵に描かせてみようと思います。どのように指導すればよいでしょうか。

1　絵だけの学校日記

「せんせい、あのね」の作文や「くらしの絵日記」は1年生でよく取り上げられる仕事です。十分にことばで伝えられないこの時期、先生にとって、子どもたちの家庭でのようすや日常の思いなどを知り、指導に生かす重要な仕事だからです。ただこの仕事は、家庭から学校、子どもから先生という方向です。これに学校から家庭へ、子どもたちからおうちの人への方向を加えようというのが、「絵だけの学校日記」です。

入学初期の子どもに「学校であったこと」を絵に描かせるのは、そうした平易なことから取り組みたいものです。「おかあさん、あのね」の絵を描かせてみましょう。

この仕事は、
・子どもたちが、学校での体験を再現することで、経験が整理され、目も広がる。
・子どものようすがわからず、不安をもつおうちの人と学校とを結ぶパイプ役を果たす。
・絵を仲立ちとして、子どもも会話しやすく、親子のかかわりも深まる。
という点で大事な意味をもつといえます。

2　子どもの絵は読み取るもの

子どもの絵は読み取るものということをおうちの人にわかってもらい、絵を見ながら、子どもの話を引き出してもらうよう、協力を依頼します。

子どもは本来「話したがり屋」ですから、おうちの人には「聞きたがり屋」になってもらいます。

聞いてもらえるうれしさが意欲を増し、伝える喜びをもつことで、絵を描くのに最も重要な描く楽しさが育てばなによりです。同時に、経験を絵に表すことで、過ぎ去り流れるできごと、思いが定着し、しなやかな感性を育てる源ともなります。

おうちの人だけでなく、先生にとっても見えない学校での子どもたちの思い、願いを知る手掛かりとなるでしょう。

おかあさん、あのね①（1年）

おかあさん、あのね②（1年）

郵便はがき

460-8790

263

料金受取人払

**名古屋中局
承　認**

1131

差出有効期間
平成20年12月
31日まで

名古屋市中区
　丸の内三丁目6番27号
　　（EBSビル八階）

黎 明 書 房 行

|購入申込書| ●ご注文の書籍はお近くの書店よりお届けいたします。ご希望書店名をご記入の上ご投函ください。（直接小社へご注文の場合は代金引換にてお届けします。送料は200円です。但し，1500円未満のご注文の場合，送料は500円です。お急ぎの場合はFAXで。）|

(書名)　　　　　　　　　　　(定価)　　　　　円　(部数)　　　部

(書名)　　　　　　　　　　　(定価)　　　　　円　(部数)　　　部

ご氏名　　　　　　　　　　　　　TEL.

ご住所　〒

ご指定書店名 (必ずご記入下さい。)	取次・番線印	この欄は書店又は小社で記入します。
書店住所		

愛読者カード

　　　　　　　　　　　　　　　　　　　　　　　　［　－　　　］

今後の出版企画の参考にいたしたく存じます。ご記入のうえご投函くださいますようお願いいたします。図書目録などをお送りいたします。

書名	

1.本書についてのご感想および出版をご希望される著者とテーマ

※ご記入いただいた個人情報は，当社出版物の企画の参考とさせていただくとともに，ご注文いただいた書籍の配送，お支払い確認等の連絡および当社の刊行物のご案内をお送りするために利用し，その目的以外での利用はいたしません。

※上記のご意見を小社の宣伝物に掲載してもよろしいですか?
　　□ はい　　□ 匿名ならよい　　□ いいえ

2.過去一カ年間に図書目録が届いておりますか?　　　いる　　いない

ふりがな		
ご氏名		年齢　　歳
ご職業		（男・女）

（〒　　　　）
ご住所
電　話

ご購入の 書店名		ご購読の 新聞・雑誌	新聞（　　　　　　　） 雑誌（　　　　　　　）

本書ご購入の動機（番号を○でかこんでください。）
　1.新聞広告を見て（新聞名　　　　　　　）　2.雑誌広告を見て（雑誌名　　　　　　）　3.書評を読んで　　4.人からすすめられて
　5.書店で内容を見て　6.小社からの案内　　7.その他

　　　　　　　　　　　　　　　　　　ご協力ありがとうございました。

3　1年指導事例

○題材「おかあさん，あのね」

〈指導のねらい〉

短い時間で，楽しんで描けるように心掛けましょう。「おかあさん，あのね」「おうちの人への絵便り」といった感じで，めあてをもたせます。毎日できればいいのですが，週1～2回でもいいでしょう。無理せず始めましょう。

先生もポケットにメモ帳を入れて，子どもたちのようすやつぶやきを書き留めておくようにしたいものです。

〈準備〉

白ノート，カラーサインペンや色鉛筆

〈展開〉

(1)　導入

「おうちの人は，皆が学校でどんなことしてるかな，どんな勉強してるかな，友だちと仲良く遊んでいるかなと，見えないものだから，とっても知りたがっておられるんだよ。そんなおうちの人に，学校であったいろんなことを絵に描いて，お便りしよう」とねらいを話し，「学校であったことで，一番描きたいことを1つ選んで描いてちょうだい」とうながす。

ジョウロ（1年）

(2)　描く

初めは口々に友だちと話す子も，まわりのようすを見ている子もいるが，待つうちに描き始めるようになる。

線描だけの子，色をぬる子それぞれだが，あれこれいわず，つぶやきを聞き取って，描くことを励ます。

Nさんは幼児期，友だちと遊んだ経験の少ない子です。初めは水やりのジョウロだけ描きましたが，聞いてみると朝顔の水やりを描いているのです。そんな時あせって「朝顔や水やりしてる自分も入れたら」と無理にさせることもありません。時にそういう指導もいりますが，まず読み取ることです。そして「朝顔の水やり」と書き添えてやりましょう。自分の絵のお話を何人かずつさせていくうちに，Nさんの絵にも自分の姿が登場するようになりました。

〈留意点〉

取材の内容がパターン化してきたら，先生のメモ帳を生かして，その幅を広げてやります。

絵の中のお話をいっぱい読み取ってやって，描く楽しさが増すように励まし，援助することが大切です。

ふだんは絵のお話を数人ずつ発表させ，皆でその子の思いを知ったり，共感したりして鑑賞します。おうちの人の感想も紹介できれば，なお励みとなるでしょう。

1年の終わりに1冊の本にまとめてやったり，学級の記録として残しておけば，よい記念となります。

（加藤克弘）

> ⑤ くらしの絵を描くとき，生活科と合科的に扱えばよいと思いますが，具体的にその指導のポイントを教えてください。

1 生活科の学習内容を絵の題材に

生活科で見学や体験学習をしたとき，その経験したことや感想を作文に書かせることはよく行われます。しかし，まだ低学年の子どもの場合，文だけではなかなか上手に表現しきれません。

幼児期の子どもの心と体は"動き""行動"によって育ちます。手と脳をつないで描く描画活動は子どもの頭脳と心を育みます。

絵を描く表現活動によって，どのような力が育つのか，栗岡英之助は次の5つにまとめています。

①心をひらく。②五感を鋭くし，美を意識する。③経験を定着させる。④思考する力をつける。⑤時間，空間，因果の関係を認識する。

生活科で学習したことを絵と文にすることは，その経験を整理し深く把握することとなり考える力を育てます。また，子どもが自分で描いた絵や文を発表する，つまり絵と文の交流と鑑賞で生活科の学習がいっそう深まり表現する力が豊かに育ちます。

生活科で学習していることを図工科の絵の題材にし，絵日記，絵巻物，絵本など多様なかたちで発表させましょう。

2 絵日記をもとに「くらしの絵」へ

まず，生活科の授業の中であったことをありのままに絵と文で「くらしのたより」にかいておきます。また，自然の中で発見したことを「しぜんのたより」に描（書）いておきます。

その絵日記をもとに，1枚の絵にまとめたり（虫とり・おかあさんの買い物），みんなの絵をつないで続き絵や紙芝居にして生活科の学習内容をまとめたり（パンづくり），みんなで協力して協同画にし，絵巻物にまとめます（麦かりからうどんづくりまで）。

朝顔が咲くまでの観察記録や校区の絵地図や自分自身の成長歴などを絵本にまとめていくのも楽しい生活科と図工科の合科授業になります。

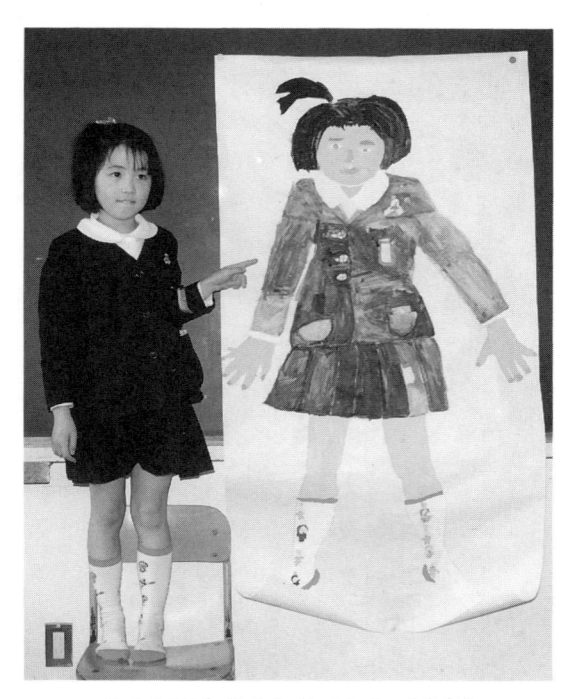

こんなに大きくなりました（2年）

3　2年指導事例

○題材「パンづくりって楽しいな！」

＜指導のねらい＞

　生活科の体験学習を絵にして活動内容を発表させます。体験学習を通して，楽しかったことや心に残ったことに注目させて，その時の自分や友だちのようすを思い出して描いていきます。絵が描けたら，子どもたちの絵を使って「パンづくり」の工程を整理させます。

　生活科と図工科の合科的授業展開を工夫して，「パンをつくって食べて，ああおいしかった！」で終わらさず，体験したことを絵にすることでより確かな力を身につけさせたいと思います。

パンづくり（2年）

＜準備物＞

　絵日記，コンテペン，4つ切りキャンバス，ケント紙，絵の具道具一式

＜展開＞

（その1）生活科

　パンづくりをしたことを絵日記に書く。

（その2）図工科

　パンづくりの工程ごとに分けて絵に描いていく。

・手の動きに着目して描く。
・顔の表情や体のようすに着目し描く。
・周りの友だちのようすを描く。
・家庭科室のようすや調理器具を思い出して描いていく。

（その3）生活科

　パンづくりの工程ごとに絵を並べて発表し鑑賞する。

＜留意点＞

　単に経験画として描かせるのではなく，常に生活科との合科という事を意識し，生活科の授業の後で，すぐに絵日記に書いておきます。図工科の授業でも生活科で大切にした動作のことば（こねる，たたく，のばす，ガスぬき，まるめる……）を中心に描くようにします。

　「絵に描く」表現活動は子どもが経験したこと，感じたことをより確かなものにし，経験を整理させ，深める働きがあります。

(鷲江芙美子)

⑥ 子どもたちの"くらしの伝え合い"を生活科の学習と結びつけて扱いたいと思います。その指導の手立てやポイントを教えてください。

1 生活科の題材はすべて図工科の題材！

＜1年生＞

生活科	図 工 科 事 例	生活科	図 工 科 事 例
友だちいっぱい	先生，自分，となりの席の友だちの顔を同じ大きさの紙に1枚ずつ描いてつないでいきます。新しく名前を覚えた友だちの顔を描いて，次々と増やせる折りたたみ式のパタパタ絵本にし，裏に手紙文もつけます。	わたしのかぞく	家族の紹介カードを絵で描きます。家族の1日も絵で表し，紹介カードとつなぎます。絵本や紙芝居の形式にまとめて発表させましょう。絵を見せ合って，それぞれの違いに気づかせましょう。
ふゆのたのしみ	季節にあった遊び，昔から伝わる遊びや行事を絵日記に描いて話し合いましょう。「昔の遊び，今の遊び」という視点で遊んだ後，協同画で描いて，大型紙芝居にするのもよいでしょう。	もうすぐ2年生	入学式以降の学校行事やできるようになったことなどを絵と作文にまとめます。絵本や紙芝居にし保護者の参観日に発表させましょう。協力して制作する協同作業を絵を描く点でも経験させましょう。

2 「友だちと遊ぶ」

1学期，遊ぶことが中心。2学期になってしだいに友だちも増えた頃，自分の思いが表現できるように，人のからだの動きを①油粘土人形，②紙モデル人形を使って学習。

絵日記の絵と文をもとにしっかりお話をさせながら，楽しんで描いていきます。

友だちと遊ぶって楽しいな（1年）

くらしの絵

3　絵日記を基本に多様な様式で交流！
＜2年生＞

生活科	図工科事例	生活科	図工科事例
わたしのけんの町の	みんなで絵地図をつくります。クラスで協力して教室の壁面いっぱいの大きな絵地図にしましょう。 自分の家とその近くのポイントを絵に描いたり，登下校のできごとも絵日記で交流してみましょう。	おまつりだしゅうかくだ	地域のお祭りの絵を描きます。町や村のお祭りについて調べたり参加して，楽しかったことを絵日記に描いて話し合います。みんなで協力して協同画の大きな紙芝居にしてみましょう。
のりものにのろう	「のりものたんけんカード」の絵日記を描きます。カードを次々つないでパタパタ絵本風にしたり絵巻物風にまとめるのもよいでしょう。バスや電車の中のできごとも絵日記にして話し合います。	わたしのせいちょう	等身大の自分の姿を絵にしたり，成育歴を調べて絵と文にします。「自分の物語絵本」づくりをさせましょう。赤ちゃんの頃から2年生の終わりまでのできごとを絵と文でかいて綴じた「生いたち絵本」です。

お母さんの買い物（2年）

4　「お母さんの買い物」

　毎日の買い物に苦労する母親の姿を絵日記にかいて，お互いの「くらしの伝え合い」をさせます。

　親の後ろ姿と買い物をする町の人の姿を見つめ直すことを，絵を描く中で考えさせます。絵と作文の同時推敲を子どもたちにさせます。絵を鑑賞する話し合いを大切にします。

（鷲江芙美子）

73

7 生活科の内容を，絵画表現として扱いたいと思います。どのような表現形式で，どのように展開すればよいでしょうか。

1 過程や順序を楽しく表現する絵巻物（紙芝居，絵本）に！

生活科で学習した内容を絵に描いて整理し，順序よくまとめます。そして，どんな内容をどのような手順で活動したか，絵をつないでみるとよくわかります。

それには，過程や順序を語る日本の伝統的表現方法の絵巻物が適しています。また，紙芝居や絵本もよいと思います。

とくに生活科では，協力して共同作業する学習活動が多くあります。そのような共同作業のようすを絵で描き，協同画にすることは二重の教育的効果が期待できるのではないでしょうか。

さらに，でき上がった絵巻物を見て生活科の学習内容の作業過程やその順序を思い出しまとめていきます。自分たちの絵でまとめをします。下の実践「麦かりからうどんづくりまで」の絵巻物のように残すと資料として活用できます。作業過程の大切なものを選んで絵巻にし，資料として残しましょう。

2 絵巻は季節の変化，時間の流れを表現する

1年間の学校行事や四季折々の自然のようすをそのつど，図工科授業で同じ大きさの紙に描いておきます。3学期，それぞれを屏風式につなぎます。1年生活科「さよなら1年生」の折りたたみ絵本ができます。

また，2年生活科「あしたへジャンプ」という「生いたちの記」を表す教材は時間の流れを描く絵巻物が最適です。

麦かりからうどんづくりまで（2年）

くらしの絵

3　2年指導事例

○題材「麦かりからうどんづくりまで」
＜指導のねらいと展開＞

麦を植えて①初秋に麦を刈り，②麦の実を取って，③石臼で粉にしていきました。前半の絵は思い出して絵日記をもとに描いておきます。

後半の6場面は「うどんづくり」の生活科授業と同時進行で絵にしていきます。後半④こねる，⑤のばす，⑥きる，⑦ゆでる，⑧食べる準備，⑨食べる，の場面で各クラス2場面ずつに分けて描きます。

学年の取り組みとしてした「麦づくりとうどんづくり」を3クラスで3場面ずつ協同画にして作業順につないで絵巻物にします。

絵巻物にすることで，「麦刈りからうどんづくりまで」の順番が明確になります。

人物の全身や動きを描いたことがなかったので，初めて油粘土でつくった人形で，動きの学習をして，次に，紙版画の要領で，紙のシルエット人形を使い，動きと体のバランスを学習して描かせます。

＜準備物＞

絵日記，油粘土，紙シルエット人形，速乾性油性筆ペン，和紙，水彩絵の具一式

（鷺江芙美子）

麦かり
かまをもって，麦かりをした。先生が切り方をおしえてくれた。あまり切れなかった。先生はすごいなあ。

麦をこなにした
いちばんに石うすをまわした。すわっているはんたいにぼうがいくとかたくて，まわせなかったので先生がもってくれた。

> **8** 低学年では，子どもの描いた絵について，子ども自身の話を聞き取ることが大切だといわれますが，どうしてでしょうか。また，その方法を教えてください。

1　思い出しながら絵に描く…絵を見ながら語る

　低学年の子どもは経験したことや思ったことを思い出しながら絵に描いていきます。つまり，話したいことを絵にするわけです。絵にしておくと，幼い子は絵に助けられて話しやすくなります。描きながら思い出します。さらに，話すことを通して自分の思いがしっかりまとまってきます。

　子どもがブツブツつぶやきながら思い出して絵に描く。絵を見せながら友だちに語る。語ることでますます考えや思いがはっきりしてくるのです。絵にする前に次の3つの事を逆に文で短く書いておくと絵に描きやすいようです。①一番描きたいことは何？　②いつ，どこで誰と何をした？　③どんなことを思った？　この質問で場面，情景，人物をはっきりイメージさせます。

　描けた絵を見ながら「絵に描いたように文を書く」と，低学年の子でも無理なく長文が書けます。つまり，作品を見せながら語りかけるのです。

2　絵日記の絵→油粘土で表現し語る

　絵日記の絵の部分を油粘土で立体的に表現させる「生活粘土」は具体的でリアルに思い起こすことができ，粘土作品をみんなに見せながら語ることでそれぞれのくらしを知り，その思いを伝えることができます。

　粘土の作品は簡単につくり直しがきくことや，立体表現なのでより具体的にイメージ化しやすいことで，絵よりも低学年の子どもはこの粘土人形でつくる「生活粘土」を好んで取り組みます。たとえば，下の粘土作品では「これは，わたしがよんでもしらん顔でスーパーのチラシを真剣に見ているおかあさんです」と語り，さらにおかあさんとの会話「ちょっとでも安くておいしいものを買うようにしてるのよ」とつけたしてくれました。

犬をかわいがる（2年）　　　　チラシを真剣に見るお母さん（2年）

3　2年指導事例

○題材「ゴミすて場にあった
　　　　　パンク自転車」

＜指導のねらい＞

毎日クーピーで気軽に書き綴った絵日記を月に1回整理して，みんなにしっかり知らせたいものを1枚選びます。

まず，絵ではなく，油粘土で立体的にその場面をつくらせ，場面構成と知らせたい内容を作文でふくらませます。

生活粘土の作品を見ながら，画用紙に下絵を描き，水彩絵の具で彩色させ「くらしの絵」を制作します。

絵日記を大きく描き直すという感覚ではなく，新たな取り組みとして思い起こしながら充実させることが大切です。

粘土作品をつくりながら，そのできごとを思い起こし，みんなに知らせたいことを文章化することで内容が深まり，絵に描くことで時間や空間，因果関係を，確かめ，深めていけるようにします。

＜準備物＞

絵日記，油粘土，原稿用紙，8つ切り画用紙，水彩絵の具一式

＜展開＞

① 絵日記の整理と「くらしのたより」として，みんなに知らせたいものを選ぶ。

② 油粘土人形で粘土板の上に，「くらしのたより」の場面をつくる。

③ （作文の批正：国語授業）

④ 粘土作品を見ながら，下絵を描き水彩絵の具で彩色する。

⑤ 作品を見せ合って鑑賞する。

（鷲江芙美子）

ゴミすて場にあったパンク自転車（2年）

「ゴミすて場にあったパンク自転車」

学校へ行く時見かけた「これゴミです！」と書いてあるパンクした自転車。修理したら使えそうなのにもったいないね。「ほかのゴミの山の中にも使えるものがあるかもしれないよ。」と話しながら二人で探しました。

> ⑨ 子どもたちが見聞きしたくらしの中のできごとを、いきいきと描くようにするには、どのような働きかけや動機づけをすればよいのでしょうか。

1 朝鮮ゴマづくりと子どもの遊び

近頃は、子どもたちの遊びも季節感がなくなりました。しかし、それでも大切なのは、子どもたちが、手づくりのおもちゃで自分たちのくらしを、いきいきと創り出していくことです。

たとえば、つぎの「朝鮮ゴマ」づくりとコマまわし大会のような事例もあります。

2 朝鮮ゴマづくり

生活科「昔の遊び」で地域のおじいさんから、昔、朝鮮ゴマを教えてもらい、コマまわしをした話を聞き、コマづくりを教えてもらうことになりました。

① 朝鮮ゴマのつくり方

○大きいコマ　材料…桜の木　道具…ノミ、金づち、のこぎり

木にノミを当て、金づちでコマの形に削っていきます。削れたら、のこぎりで切ります。

○小さいコマ　材料…柳の生木　道具…小刀、のこぎり

生木を小刀でコマの形に削ります。削れたら、のこぎりでコマの大きさに切ります。

○コマが切りとれたら、コマにすきなもよう（※縦書き図キャプション：小刀でほって模様をつくり、マジックでぬります。／6〜7cm）

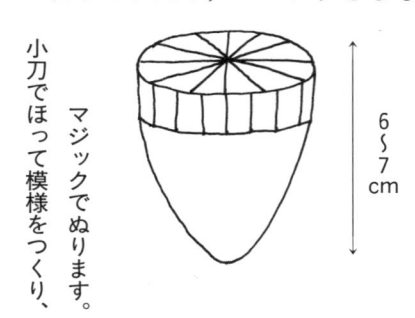

50〜60cmの棒

幅5cm 長さ60cmの布

○朝鮮ゴマは、布でコマをたたいて回し、長くまわした方が勝ちです。
○棒は、ほうきやモップのいらなくなったものを切って使うといいです。

ようをマジックで描きます。

○コマができ上がると、朝鮮ゴマをたたく棒をつくります。いらない木切れに、いらなくなった布をほどけないようにくくりつけます。

3 コマまわし大会

コマができ上がったら、回す練習をします。

1時間くらい練習をすると、みんなまわせるようになりますが、それで終わるとコマをつくって終わりになってしまいます。

個人、班、学級で、コマまわし大会をします。

休けい時間ごとに練習をし、教師が声かけしなくてもよいように、コマまわしに夢中になるようにしていきます。

コマまわし大会には、教えてくれたおじいさんを招待します。

コマまわし大会が終わっても、子どもたちが、コマまわしに夢中になれるようにし

くらしの絵

ていきます。体でコマまわしの楽しさを覚えこまないと、今の子どもたちは、ものをつくって遊ぶ喜びにつなげることはできません。

　コマにつやが出てくると、ただ、まわす時間を競っていた子どもたちも、コマの階段とばし、投げとばしと新しい遊びを発見していきます。遊びこむと、コマを削り、まわしやすいコマにするためのくふうも生まれ、遊ぶ喜びにもなって、子どもたちのくらしもいきいきとしてくるものです。

4　1年指導事例

○題材「コマまわしの絵を描こう」

〈指導のねらい〉

　コマまわしをして楽しかったこと、発見したこと、くやしかったこと、喜んだことを絵に描こうと呼びかけ、描きたい場面を決めて描かせます。

〈準備物〉

　点付筆（先きがナイロンになった小筆）、画仙紙、顔彩、筆ペン（カートリッジの）

〈展開〉

　Y君は、コマまわしをして、たっ君に、1回で負けたところを選んで描いた。

　自分が描きたい場面で、たっ君や自分がどうしていたかを、よく思い出させる。その時の心の動きを描くのだということを理解させる。

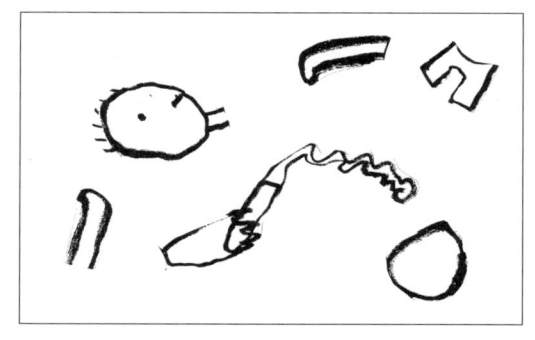

バラバラの体

コマまわし（1年）

まっすぐに立っていたたっ君とＹ君は横向きにしたらよいことを発見し，正面向きの絵を，体，手，足，顔と切りとり，組み立て直して，その時の体の動きを工夫させる。

　コマの動き，たっ君の表情，Ｙ君の自分の気持ちを思いうかべながら，納得のいくところまで描かせる。

　こうして，たっ君とＹ君の顔の横向きになり，手も上がって描かれ，足の動きも，友だちにモデルになってもらって練習を始め，目もコマをしっかりと見ていたことを思い出し，自分で確かめ描いていった。

　Ｙ君のコマまわしの絵はでき上がりました。

　どの子も，その時の心がどのように動いたのか，自分として描きたいものを，しっかりもたせることが大切です。

　子どもたちは，新しいコマまわしが発見できると「先生一回転コマまわしの絵，描くから紙，ちょうだい」といってくるようになりました。

　いきいきとした絵は，いきいきとした生活から生まれるものです。　　（平野育子）

くらしの絵

> 🔟 子どもたちに，くらしの中のできごとを描かせると，そのできごとの説明をしようとして描く子が多いように思います。どのように指導すればよいのでしょうか。

1　子どもの描く説明画

下の絵は，宿題をするのを忘れて寝てしまったとき，お母さんにたたき起こされて宿題をしたことを描いた絵です。

この子は，家へ帰ってきてから，ごはんを食べ，遊んで寝てしまったこと，お母さんにたたき起こされて宿題をしたことを家の中の構造と自分がかかわった部屋のどこで，何をしたかを描いています。

最初に，横の線を3本描き，その中を縦の線で区切って部屋を描きました。上は2階で下は1階の部屋なのです。

そして，そこで何をしたか，何があったのかを描いていったのです。

この子は，お母さんにたたき起こされ痛かったことを描こうと思ったのですが，どうしてこうなったかを説明する必要を感じ，それにとらわれ"なりゆき"を描こうとしたのです。

この子が描こうとしていることは，くらしの中のありのままのできごとであり，この子なりの素直な心の真実なのです。

しかし，この子には，まだ，時間や空間の概念が定かでなく，時間や空間の関係をごっちゃにして描いています。

このように，子どもが"なりゆき"を描こうとすれば，同図異時表現やレントゲン描法の形式の混じり合った説明画になるのは当然の結果であるといえます。

大切なのは，描かれている内容がどうなのか，どんな人やものとの関係を描こうとしているか，その中に，どんな思いや願いがこめられているかを読みとり，子どもに返していく指導です。

子どもに返すというのは，子どもの思いが何だったのかを引き出し，関係の中の何に目をつければよいのかを気づかせ，何を描けばよいのかを発見させることです。

2　子どもの図式表現と関係描写

子どもは，本来，自然発生的に身につけた絵の描き方で描きます（図式表現）。

幼児・低学年期の子どもは，知的発達の未熟さが目立ちます。

世の中のさまざまなものごとのかかわり（因果関係）も時間や空間の関係も不十分なとらえ方でしかとらえられません。

この時期の子どもは，ものの形を自分なりの知覚でつくり上げた「概念」で描きます。たとえば，人の形は単純な○や△や□を組み合わせたような描き方で描きます。

ぼくはいたいとおもいました（9歳）

もちろん，子どもの知的発達の違いで描く「概念」の多様さには違いがあります。

しかし，いずれにしても，子どもの描くものの形は「図式」といわれる概念的な表れ方です。

この図式表現は，子どもが自分なりにつくり上げた１つの概念です。だから，それはみんな「説明画」であるといえます。

したがって，子どもの絵は，どんな絵も説明的要素を必然的に備えたものになるわけです。

前の頁の絵のように，時間や空間の関係のとらえ方の未熟さのために生まれた"同図異時表現"や"レントゲン描法"もその１つです。

そのために，１つの方法として，いつもこのような絵を描いてしまうような子どもには，時間の流れや空間の広がりにとらわれることのないような題材を考えて選ぶことです。たとえば，"人と人""人ともの"とのかかわりに焦点を当て，そのありさまをイメージ化することのできる題材を用意することです。

2　2年指導事例

○題材「わたしとお父さん（お母さん）」

＜指導のねらい＞

子どもにとって，最も親密なかかわりをもっているのは家族です。中でもお父さん，お母さんとのかかわりは深いものがあります。

このお父さん，お母さんとのうれしかったかかわりのようすを描くことを通して，お父さん，お母さんへの思いを深め，そのかかわりの大切さを知るとともに，人と人の関係をしぐさや動作で描く描き方で多様

おかあさんとぼく（2年）

化させていくようにします。

＜準備物＞

8つ切り画用紙1/2・1人2枚，サインペン（鉛筆でもよい），色鉛筆

＜展開＞

○お父さん，お母さんについて話し合う。

・どんな時，やさしい？　こわい？

・お父さん，お母さんとのうれしかったときのかかわりのようすを話し合う。

○かかわりのようすを動作化する。

（手をつなぐ，かたをくむ，だっこする，おんぶする，だきつくなど）

・しぐさや動作を，先生と子どもとでやって見せる。

○かかわりのようすを絵に描く。

・大人と子どもの大小の描き分けができるように提示していく。

・どんなにしているところを描くか，各自で工夫して描く。

・色をぬりたいところだけぬらせる。

＜留意点＞

それぞれがどんなかかわり方を描いているかを子どもと話し合います。（深田岩男）

くらしの絵

> [11] 子どもたちが心を踊らせて経験する学校の行事を取り上げて絵を描かせたいと思います。どのように扱えば，いきいきと描くことができるのでしょうか。

1　子ども一人ひとりの経験が絵の題材

遠足に行ったり，見学に行ったりということを子どもたちは楽しみにしています。そこでの心踊らせた経験を描かせたいとしてよく取り上げられる題材です。しかし結果的には「事柄の説明的な」絵や概念的な絵になってしまい，どうも「いきいきした」絵にならないという例はよくあることです。

私たちは子どもの表現の動機づけをどのようにしているのでしょうか。「遠足に行って楽しかったね。その時のことをよく思い出して描いてみよう」といったなげかけをして，「さあ描いてみよう」と描かせてはいないでしょうか。

「楽しかったね」といわれても，楽しくなかった子もいるかもしれません。それに「よく思い出して」というなげかけは抽象的すぎて，子どもたちは何をどのように思い出してよいのか迷ってしまうのです。

遠足のようすを説明するような絵になるのはそのためです。

子どもたちが遠足や見学で共通に経験したことであっても，そこでの体験や思いは子ども一人ひとりの個人的経験です。

いきいきと描くために，個々の経験からでてくるできごとの記憶，その時の思いや感情を刺激し，描きたい内容を見つけていくのが必要です。

2　どう扱えばよいのかのヒント

(1)　個別的な経験を思い起こさせる。

遠足を例にとれば，朝出掛ける前や歩く途中，電車の中，遊んだとき，弁当を食べたときなどで，誰とどんなことがあったか，どんなことをしたかなど具体的に思い起こします。

教師と子ども，子ども同士の小グループなどで対話してみましょう。教師は質問者になります。

要はそれぞれの子の個別的な経験，できごと，思いに関することを思い起こさせることです。

(2)　描写に関するいくつかの質問をする。

自分の描く題を見つけたら，どう画面に再現していくか考えさせねばなりません。「何を先に描くの？」「自分はどこに入れるの？」「大きさはどのくらい？」「どうやって遊んだ？」「場所はどんなようす？」「どんな形で描くの？」「どんな景色だった？」など自分の描きたいことや考えをふり返りながら，焦点化するための質問をしましょう。

(3)　多様な絵の形式

必ずしも同じ大きさの四角い紙に描かせることはありません。いろいろな紙を用意したり，つなぎ絵や絵巻に描かせたり表しやすい多様な方法を考えましょう。

3　1年指導事例

○題材「遠足」

＜指導のねらい＞

遠足にいった日，家でのようすから遠足でのできごと，経験，帰ってからのことまでの1日を振り返り，一人ひとりの個人的な体験を思い起こし描くのがねらいです。

描きたいことがらすべて描きたいという場面一画面一場面である必要はなく，子どもの意欲にそって絵巻形式に描かせてみるのも望ましいことです。

＜準備物＞

8つ切り画用紙，水彩用具（多色のカラーペンでもよい），鉛筆，試し紙

＜展開＞

(1) 体験を思い起こす

「遠足のようすを描きなさい」という言い方をしないで，「お弁当食べたあと何して遊んだ？」「電車の中で誰とどんな話をした？」という個別の具体的なできごとを質問し，いろいろ話をさせる。

教師は質問したり，あいづちをうちながら，興味と関心をもって話を聞くようにする。

(2) 下絵を描く

描きたい題材が見つかったら，どう描くか話し合う。

形，色，大きさ，場所などを想起し，どんな順にどう描くか考えていく。

教師はそれを励ます援助者で，子どもはその援助によって，より記憶を鮮明にし，描き足りない部分を修正し，描き加えていくようにさせる。

(3) 色をつける

「一番印象に残っている色は？」というような質問をし，そこからぬっていくのもよい。

自分の描きたかったこと，情景をよく思い浮かべながら，色をつけていく。

また絵の具を使用しないで，カラーペンで描きたいと焦点化したところだけを描くのも1つの方法である。

＜留意点＞

子どもの絵は伝え合いです。伝え合うことでお互いがわかり，また励まされて次への意欲を増していくのです。

短い文をつけ，みんなの遠足ドラマとでも名づけて構成し，鑑賞したら楽しい思い出となってよみがえるでしょう。

遠足（1年）

くらしの絵

4　2年指導事例
○題材「見学に行ったこと」

＜指導のねらい＞

「えんそく」の絵と同じねらいですが、2年ともなると見る目も広がり、描写においてもより再現的に統一的に描こうとし始めます。何に目をとめ、どんなことを感じたり思ったのか、どうそれを表したいと考えているのかを聞き取ってやります。教師の対話もそれにそって深くひろげるように心掛けましょう。

＜準備物＞

8つ切り画用紙、スケッチ用紙、鉛筆、色鉛筆、水彩用具、試し紙

＜展開＞

(1) 体験を話し合う

話し合いでは、「どんなことが印象に残った？」「どんな仕事をしておられたかな？」「どんなかっこうをしておられた？」「どんなことを感じたかな、どう思ったかな？」と1年の時より少し深く考えを出し合い、見学し経験したできごとの中にある意味も話し合うようにしたい。

(2) イメージをスケッチする

スケッチ用紙に描いてみる。何枚描いてもかまわない。

自分の描きたい内容をどう表現するか、スケッチしてさぐる。

スケッチ用紙は小さいものを準備する。(8切り画用紙1/4程度)

色鉛筆で軽く色をつけておく。

(3) 下絵を描く

スケッチをもとに下絵を描く。

何を表したいかがよくわかるように、人物やものの配置、必要なものとそうでないもの、中心に描くものを考え、工夫して描く。

(4) 色をつける

画用紙は場合によって色画用紙をあたえてもかまわない。

ずっと続けていて、初めの思いがうすれたり、集中力をなくしたりしないように、時には筆を休めて見直す時間もとるようにし、個々のリズムをみてアドバイスすればよい。

＜留意点＞

共通の体験ですが、だれがどんなことを見つけ描いているか話し合い、お互いの発見を共有し、学び合いましょう。

(加藤克弘)

見学に行ったこと（2年）

12 どの子もが経験する町（村）のお祭りや行事を絵に描かせようと思います。どのように扱えば，いきいきと描くことができるのでしょうか。

1　地域の文化と子どもの育ち

最近は，子どもたちのくらしも，せいぜいのところ，家族単位の人間関係にしぼられたものとなって，地域という広がりの中でのくらしの関係が大変薄弱なものとなってきています。

ところが，このような地域との結びつきの弱さが，子どもたちの社会的な意識の弱さとなるだけではなく，人間らしい心の弱さに結びついていくものとなります。

子どもの心（精神）の育ちは，子どもを取りまく人たちによって形づくられていきます。とくに，低学年期の子どもたちにとっては，地域の人たちとのかかわりの中で育まれていく社会性や，その心（精神）のありようは，子どもの全体的な育ちに重要な意味をもつものとなります。

人間は人間の中で社会化され，その意識や感性が形成されるからです。

2　指導事例の提示のし方について

ここにあげる指導事例は，やや時間をかけた取り組みで，その指導の手順や扱い方には，図工科にかかわる部分だけでなく，生活科をふくむ他領域の活動を通して展開したものなので，その内容をふくめて提示していくことにしました。

したがって，ここでは，その全体のおよその手順や扱い方の要点を，展開にそって記述することにします。

3　2年指導事例

村中こぞって楽しんだ盆踊りも，年々さびれていくばかりです。「村」には，昔から伝えられてきた盆踊り"ながらおんど"がありましたが，この盆踊りに，子どもの踊る姿はありません。

地域のおじいさん，おばあさんが，「昔は男踊りと女踊りがあり，男の人は内回り，女の人は外回りに，舞いをまっているように踊り，そりゃーきれいやった」と話してくれました。そして，昔は盆踊りを楽しみに仕事に励み，村中の老若男女が，三日三晩踊り明かしたそうです。

ながらおんど（共同作品）（2年）

くらしの絵

　この伝えられてきたくらしの文化を、子どもたちと出会わせたいと思ったわけです。
＜指導の展開＞
　① 第１次　盆踊りを踊る
○みんなが住んでいる校区に、昔から伝えられてきた盆踊りがあることを話し合って、とらえ、地域のおじいさん、おばあさんから踊りを教えてもらう。　──(1h)
○盆踊りには、音頭とりや、お囃子(はやし)、太鼓があることを知り、お囃子、太鼓を覚える。
　──────────────(1h)
○お囃子、太鼓を入れながら踊りを踊る。
　──────────────(1h)

　踊りは、子どもたちが自分の体で楽しんで踊れるように、時間を工夫してとり、お囃子が自然に出てくるようにする。
　② 第２次　絵に描くための話し合い
○"ながらおんど"を踊って、どんな絵をクラスのみんなと描きたいかを話し合う。
　──────────────(1h)
　・おじいちゃん、おばあちゃんと踊っているところ。
　・たいこをたたいているところ。
　・男踊りと女踊りの踊り方で踊っているところ。
○各班で、どんなところを描きたいかを話し合う。　──────────(1h)
　③ 第３次　下絵を描く
　下絵を描く。
○全紙の大きさの紙に描く。
○頭の○の大きさをチョークで決めて、体全体の大きさを決める。
○モデルを見ながら、どこからどこまでを描くかを、指でなぞり、それを見ながら描く。
　④ 第４次　彩色をする
○着色する。
　・ゆかたの模様は、クレパスで、ていねいに描き、着物の色をぬる。
　⑤ 第５次　画面の構成を考える
○構成のためのバックの色　───(1h)
　踊っている人を切りとり、並べるためのバックの色画用紙を、何色にしたらよいかを話し合う。
　1　赤色
　2　灰色
　3　黒色
それぞれどれがよいか、わけを言いながら話し合う。
　・赤は、踊っている人が楽しそうな色の感じになる。
　・黒は、夜に踊っているから、夜の感じが出る。
○人物の配置を考える。　─────(1h)
　切りとった人物を、どこに、どのように置いたらよいかを話し合う。
　・"せっかく描いたのに、くっつけたらあかん"という子。
　・"じょうずに描けたから、めだって一番よいところにはるの"という子。
　・"げたでけられたら、痛いから、あてんといて"という子。
　どこに置いたらよいか、決められたら、のりではる。
　⑥ 第６次　できた絵を鑑賞する
　でき上がった絵を見ながら、それぞれ自分の思ったことや考えたことを出し合っ

て，話し合う。
- "おはやしも入れると，本当に踊ってるみたい"
- "おじいちゃん，おばあちゃんに見せたら喜ぶかなぁ"
- "おじいちゃん，おばあちゃんに見せに行こう"
- "本当に踊ってるみたい"
  "みんなで絵をはって踊ろうよ"
- "たいこの音，聞こえそうや"

　子どもたちは，自分たちが描いた絵を見ながら，踊りの楽しさに再同化して，そのできばえを喜んでいるようでした。

⑦　第7次　絵を見てもらう
　でき上がった絵を見せ，地域のおじいちゃん，おばあちゃんと交流する。
- おじいちゃん，おばあちゃんたちに絵を見てもらいながら，説明したりして話し合う。

　子どもたちが，絵を見せに，老人会へ行きました。
　おじいちゃん，おばあちゃんは，いっしょに踊りを踊り，踊りを楽しみました。中には，涙を流し，投げ銭をしてまで喜んでくれた人もいました。
　"ながらおんど"に寄せるおじいちゃん，おばあちゃんの心が伝わってきます。
　「来年の盆踊り，来てなぁ」と声をかけてくれました。
　盆踊りを踊るところでは，おじいちゃん，おばあちゃんに，白いてぬぐいを頭にかぶり，たびをはいて，昔の通りの姿で踊ってもらい，子どもたちには，手をとり，踊れるようになるまで，ていねいに教えてくれました。

　「おじいちゃん，おばあちゃんに絵を見せて喜ぶかな」，そんな子どもたちの心が，絵をいきいきと描く力になったと思います。
　おじいちゃん，おばあちゃんから，来年の盆踊りの誘いをうけ，"ながらおんど"は，子どもたちの力で，消えることなく，「村」によみがえることになったと思います。

（平野育子）

お話の絵

スイミー（2年）P.100

漁師と金の魚（2年）P.104

1 低学年で取り上げたいお話の絵の題材を，どのように選び出せばよいのでしょうか。その選び方の視点と指導のポイントを教えてください。

1　お話の絵と子どもの想像力

　子どもたちは，お話を聞いたり読んだりすることを大変喜びます。それは，夢の世界に遊ぶ楽しさがあるからではなく，日頃の生活体験で得られない体験の世界（間接的体験）を味わう楽しさがあるからです。

　お話は，子どもたちにとって，これまで体験することのなかった世界を，主人公の行動や思いに同化しながら，自らの思いと結び合わせて探索し体験していくのです。

　この探索と体験こそが想像活動であり，この想像活動が描かれる絵の内容を決定していくことになるわけです。

　したがって，この想像活動（イメージづくり）には，子どもたち個々の人格や心の姿が反映されます。そして，この人格や心の姿は，また，その"育ち"や"生活"によって形づくられていきます。

　ところが，最近の子どもたちは，情報化社会の中で身につけることば世界の量的な多さにくらべて，具体的に体でものごとをつかみとっていく体験の世界が，時間的にも空間的にも矮小化され，想像したり，思考したりする世界が極度にせばめられています。

　この想像や思考のゆがみが，精神活動のゆがみや弱さともなって表れてきているというのが今の子どもたちの状況です。

　お話を絵に描くというのは，このような子どもたちの想像活動を，より豊かで確かなものにしていくことができるのです。

2　絵の源は想像力

　子どもの絵が概念的だとか，描写力が弱いなどと問題にされることがあります。当然，子どもであっても，絵としてのまとまりや色彩の美しさが求められるのはうなずけます。しかし，低学年期の子どもに，それをあまりせっかちに求めないことです。

　絵をどのように描くかは，何を描くかという想像活動を基盤にして考えられ，工夫されていくものです。

　教科書では，子どもが描こうとする内容よりも，どのように描くかという形式（造形性）が重視され，その技能を高めるために教材が配列されています。"造形あそび"もその典型的な1つです。

　これは，絵画という芸術表現の本来の姿からすれば，主客転倒したとらえ方というよりほかありません。

　大切なのは，子どもが，どれほどにお話の内容に同化し，何に心を動かされ，イメージしていっているかなのです。

　子どもは，どうしても描きたいと思うものがあって，思うように描けなければ，きっと描き直しを求めてくるか，不満そうな表情を見せるものです。指導者は，その時に描かれた絵を媒介にして子どもと語り合い表現方法を発見させていけばよいのです。

　子どもの絵が概念的だとか，描く力が弱いということを単なる技術の問題としてとらえるのではなく，表現に向かう子どもの

強い欲求（描きたいこと）を支えに，描きながら考え発見させていくものであることを改めて見直していく必要があります。

本当の子どものいきいきとした絵とは，このような"内容"と"形式"を統一しながら取り組んでいく中で生み出されていくものでなければなりません。

3　お話を選ぶ視点

お話は，生きていく人間の生き方の1つの典型です。子どもにとっては，体験することのなかった人間の生き方の世界を体験していくことなのです。

低学年の子どもにとって大切なのは，何よりも人間のやさしさや人間への信頼が深められるお話を取り上げたいものです。

どんなお話を取り上げ，描かせようとするのかを考えるとき，つぎのような視点に留意して選びたいものです。

① お話の記述のし方が明快で，筋の移り変わりから主題がとらえやすいもの。
② お話の記述のし方が視覚的で，事がらの関係がとらえやすいもの。
③ お話の主人公の性格や，進展する話の中での心の動きがとらえやすいもの。
④ お話の中の場面場面のありさまがイメージ化しやすいもの。

4　絵の形式とその扱い方のポイント

(1) お話を1枚の絵にする

お話を1枚の絵に描く場合，子どもが，どんな場面を選び出し描こうとするのかは，子どもにとっても，教師にとっても重要なポイントです。

お話の絵は，進展していく話の流れの中の一場面を単純に切りとって描けばよいというようなものではありません。

1枚の絵が，子どものとらえたお話の全体像（主題）を象徴するようなものとして描かれなければならないからです。

もちろん，それには，個々の子どもの感じ方やとらえ方の違いがあってもよいのですが，子どもが進展するお話の流れの中で，何に強く心を動かされたのか，それがどんな意味合いをもつものなのかを子ども自身が自覚していくような話し合いや指導が大切です。

どの場面を描くかは，このような指導の上に立って，子どもたちに選択させていきたいものです。

(2) お話を絵巻（絵本）にする

子どもにとって，お話の一場面を切りとって描くのは，大変困難なしごとです。

時間の流れにそって移り変わるありさまを1枚の絵に描きこんだ絵（同図異時表現）が生まれるのは，幼児・低学年期の子どもたちの中に多く見られます。しかし，このような子どもの表現のし方（形式）を否定的に見てはなりません。

子どもは，お話の中のある場面を切りとって表すよりも，何が，どうして，どうなった，という"なりゆき"に強い関心を向け，それを描こうとします。

また，実際に，お話によっては，話の進展していく流れが主題と深くかかわっているお話もあります。

時間の流れや空間の変化を描くのに適した「絵巻」や「絵本」形式の絵は，このような子どもたちのわだかまりを解消させていくことができます。

5 イメージ化するために

子どもが絵に描こうとするときに，より具体的にイメージをつくることができるように，つぎのような手立てを講じていきたいものです。

○「かさこじぞう」の場合
・心を動かされた場面での，じっさまの行動を劇化したり，動作化したりする。
・近くのお寺や墓地などにある地蔵さまを見にいって，その姿を観察し描く。
・雪の風景画や写真を見て話し合い，雪の降り積もった情景をとらえさせる。

○「ブレーメンの音楽隊」の場合
・お話の進展にそって描く絵巻形式で表現させる（横長に紙をつないで描く）。
ブレーメンに向かうという過程を1本の道としてイメージ化し，その上に，動物たちの出会いから結末までのありさまを順を追って描いていく。

6 取り上げてみたい題材例

日本の民話	日本の民話には，たくましく生きる民衆の智恵と力強さ，やさしさにあふれたお話が多く，どれをとっても，子どもの心を引きつけます。
	かさこじぞう　かにむかし　ききみみずきん　しまひきおに　ちからたろう　おむすびころりん　わらしべ長者　かもとりごんべい （再話が多いので，その作者の意図も考えて取り上げたいものです。）
日本の童話	子ども向けのお話は数限りなくありますが，心ある作家は子どもに迎合することなく，人間の真実を語り，その信頼とやさしさを語ります。
	うみのがくたい（大塚勇三）　ごろはちだいみょうじん（中川正文）　てぶくろを買いに（新美南吉）　ひとりぽっちのつる（椋鳩十）　とびうおのぼうやはびょうきです（いぬいとみこ）　きつねのおきゃくさま（安満きみこ）　月夜のバス（関英雄）　がちょうのたんじょう日（新美南吉）　ことりとねこのものがたり（なかえよしお）
外国の民話	外国の民話にも，人間の真実を語るお話が多く，子どもたちに生きる力と智恵をあたえてくれます。
	おおきなかぶ　うさぎのいえ　てぶくろ　いなごとありとかわせみ　スーホーの白い馬 （外国の民話も，外国の作家や日本の作家による再話が多いので，考えて選びたいものです）
外国の童話	外国の童話にも，子どもの心にひびく，すぐれた作家のお話がたくさんあります。
	ブレーメンのおんがくたい（グリム）　どろんこハリー（ジーン・ジオン）　こすずめのぼうけん（R．エイン・ワース）　金の魚（プーシキン）　スイミー（レオ・レオニ）

（深田岩男）

お話の絵

2 子どもの描く絵は、どれもみな「空想画」なのだといわれていますが、子どもが描くお話の絵も「空想画」なのでしょうか。

1 「想」のつく絵

「空想画」「想像画」「構想画」「思想画」など、「想」のつくいい方があります。

お話の絵は、読んだことをもとに想像して描くのですから、「想」のつく絵といえるのでしょう。その区分は、子どもの心理活動の面から生まれているようです。

「空想」ということばには「絵空事」「事実から離れた遠い想像」というイメージがあります。それからいえばお話の絵は、作者が書いた世界から読み取ってイメージするのですから、「空想の絵」というのには違和感があります。

ただ重要なのは、そうした区分でなく、子どもの絵は、子どもという1人の生活者が、その生活を反映させて、自分の思いや感じたことを描き表すというところにあるのです。

2 お話の絵を描く意味は

子どもは空想の世界で遊ぶといわれることがあります。それも一概にいけないとは思いませんが、生活は現実の世界そのものです。そこから離れて生きてはいないのです。

お話の世界は舞台は架空の世界でも、人間の願いや真実を描いているのであって、現実の世界を反映しています。

そこに表された世界をことばや文からつかみ、そのことばの働きによってイメージを深め、現実を見る糸口を獲得する行為がお話を読む行為です。お話（物語）をあたえる意味もそこにあります。

子どもたちがお話の絵を描くという意味は、お話から読み取った世界をイメージし、表現していくことで、自分自身の現実を見る目を広げ、感性を豊かなものにしていくところにあります。だからこそ私たちはどんなお話をあたえようかと吟味するのではないでしょうか。

月夜のバス①（1年）

3　１年指導事例

○題材「月夜のバス」（関英雄・作）

＜指導のねらい＞

内容に即して，子どもなりにつくるイメージを思い浮かべて描くのがねらいです。

物語は，単純で登場するものが少なく，イメージが浮かびやすく，想像力をふくらませるような内容のお話を選びましょう。

事例の物語は短く，基底線上に描く表現で表せ，夜という設定がかえって画面の雰囲気をつくりやすい作品です。

＜準備物＞

わら半紙，黒コンテ，８つ切り画用紙，水彩用具，鉛筆，試し紙

＜展開＞

(1)　お話を読む

静かな調子で何回かくり返して読み聞かせをする。

(2)　初発の絵を描く

わら半紙に黒のコンテで最初のイメージを描く。黒のコンテを使うのは，夜のイメージを表しやすくするためである。

(3)　下絵を描く

コンテで描いた絵をもとに話し合い，描く場面を決める。この物語では野原と空とバスの通る道が全体の構図を決定するので，どう画面を分割するかを工夫させる。

(4)　色をつける

試し紙で野原，空，道など部分の色づくりをします。夜の色は暗くなりがちですが，野原と空の暗さを変えたり，バスの灯りを明るくして，全体の情景の雰囲気を表すように着彩する。

＜留意点＞

夜の色は黒というイメージがありますが，夜の空の色は藍色と水加減で効果的に表すことができます。白画用紙でむずかしいときは紺系統の色画用紙をあたえてもかまいません。

画用紙は重ねぬりに耐える堅牢な紙を用意できればなおよいと思います。

作品が仕上がれば，きちんと台紙に貼って掲示し，絵を見ながら，みんなで物語を音読し，感想を話し合うとよいでしょう。

（加藤克弘）

月夜のバス②（１年）　　　初発の絵（１年）

お話の絵

> ③ 教科書では，お話の内容を描くよりも，お話の，そのあとどうなったかを子どもたちに想像して描かせるような扱い方が多いように思います。それでよいのでしょうか。

1 創造性第一の大きな誤り

"子どもは，生まれながらにして豊かな創造力をもっているもの"というとらえ方で展開された創造美育の考え方が，今なお，教育の現場に根強く残っています。

かつて，雑誌『美育文化』に「黄色いカラス見たことある？」というお話の絵の実験授業の記録を掲載したものがあります（『美育文化』№10，1979年）。

それは，"お話の絵というものは，子どもが創って描くものだ。これまで，どこにも存在しなかったまったく新しい世界を表現するものでなければ意味がない"という考え方で展開されたものです。

授業者は，「私の創作から，子どもたちの想像の世界を引き出し，展開しよう」と考え，取り組まれたものですが，結果は見事に失敗し，「もう絵と結びつけて考えることはやめることにします」と結論づけています。お話の絵は描かせない方がよいというわけです（本書「低学年の絵」5参照）。

ここに，創造性重視の絵の指導の大きな誤りがあります。

2 造形能力中心の教科書

全般的に，どの教科書も，このような創造性重視の傾向は大変強く見られます。

その典型的なものが，お話を読んでイメージしたことを描くのではなく，その後，どうなったかを，子どもたちに想像させて描かせるというスタイルの指導例です。

しかし，このような表現活動は，子どもにとっては，大変困難なしごとであることは，先の例でも明らかです。

そこで，教科書は，このような子どもたちの創造性と考えられているものを引き出す手立てとして，"造形的な操作の巧みさ"を求めていきます。それが，「造形あそび」を中心とした，その他の造形活動の指導であるわけです。

教科書では，子どもの表現力を高めるというのは，このような造形操作の能力を高める指導なのだと考えているようです。

しかし，表現にとって重要なのは，"内容"と"形式"の統一です。

"何を表現しようとするのか"という表現内容の練り上げと吟味の指導があって，"どのように表すか"という表現方法（形式）の指導が考えられなければなりません。絵のよさは，そこから生まれるのです。

3 再現的な想像の大切さ

人が何かを表現しようとするとき，その母体となるのが想像活動です。

この表現の母体となる想像活動は，経験の記憶を再現していく「再現的想像」と，さまざまな経験の中から表現の意図に基づいてあれこれと選択し，複合してつくり出していく「複合的想像」があり，後者は前者にくらべて，より高度な想像活動であるとされています（ヴィゴツキー著，福井研介訳『子どもの想像と創造』新読書社）。

複合的創造は，再現的創造の確かさ，細やかさの練り上げによって，初めて可能と

なる想像活動であり，子どもの知的な広がりと感性の豊かさを必要とする想像活動なのです。

創美や教科書がいう創造性は，この複合的な想像活動を子どもに求めているのです。

しかし，幼児・低学年期の子どもにとって，それは過酷な想像活動となります。

むしろ，経験の記憶をより具体的に，より鮮明にありありと想像する"再現的想像"を確かで豊かなものにする想像活動こそ大事に育てていかねばなりません。

4　1年指導事例

○題材「おおきなかぶ」

〈指導のねらい〉

① おじいさんが育てた大きなかぶを，最後に加わった小さなねずみの力で引き抜くことができたという共同する力の大きさをとらえさせ，表現させます。

② お話の展開にそって，それぞれの場面をイメージ化し，工夫して，絵本の形式で描かせます。

〈準備物〉

8つ切り画用紙1/2（1人数枚分），鉛筆（サインペン），絵の具

〈展開〉

① 『おおきなかぶ』のお話を読む。

お話を読み聞かせてもよいが，読み終わってから，お話の展開していく要点を話し合っておさえる（場面場面をおさえる）。

・このお話は，どんなことを語ろうとしているか話し合う（主題をとらえる）。

② 実物の"かぶ"を観察し，見て描く。

③ このお話をグループで劇化し，表現する。

・おおきなかぶをみんなでつくる。

シーツのような大きな布を使って，中に紙（新聞紙をまるめたもの）やスポンジなどを入れこんでつくる。

・おじいさんからねずみまでの役を決めてかぶを引くときの動作を演じ，工夫する。

④ お話のそれぞれの場面を絵にする。

・人物や動物の大小の関係をおさえておく。

・それぞれの人物や動物の引っぱる姿を動作しながら描く（動作を見せ合う）。

・描いて彩色した人物や動物を切り取って，絵にする画面の位置や組み合わせ方を，グループで話し合い，貼りつけていく。

〈留意点〉

・6～7人のグループ活動として扱い最後に，グループで1つの絵本をつくるようにします。

・できた絵本を見せ合って話し合うのも大切です。

（深田岩男）

おおきなかぶ（絵本形式の絵）（1年）

> ④ 低学年の子の描くお話の絵は，何を描いているのか，わかりにくいようなことがよくあります。どうしてなのか，また，どのように指導すればよいのか教えてください。

1　子どもの図式表現とイメージ

子どもの描く絵には，自然発生的に身につけた絵の描き方があります。

それは，図式表現といわれ，ものの形を概念化して描く1つの表現様式です。

"子どもは，見たものを見たもののように描くのではなく，知っているものを描く"といわれています。

たとえば，低学年の子どもが描く絵の中に見られる特徴的な描き方の1つに，基底線描法があります。これは，"自分は，あるいは木や建物は，地面の上にある"という知覚に基づいて描かれる描き方で，人物や建物の下に描く1本の横線が，それです。

このような，幼児期から低学年期にわたって描かれる図式表現は，他にも，レントゲン描法，多視点描法，同図異時表現などがあります。

レントゲン描法は，ものの内部のようすをレントゲンで写し出したように描く描き方で，多視点描法は，前後左右，上やななめ上からというような多くの視点から見たように描く描き方です。同図異時表現は，時間帯の異なるできごとを同じ画面の中に全部描きこんでしまう描き方です。

しかも，これらはすべて，子どもの時間や空間のとらえ方や因果の関係のとらえ方の不確かさのために生まれた知覚概念による描き方なのです。

子どもの絵が混乱しているように見えるのは，この時間や空間，因果の関係の不確かさによる場合もありますが，いずれにしても，それは，記憶に基づいて想像して描くような絵の場合に特徴的に現われます。したがって，問題は子どもの図式による描き方にあるのではなく，何を描こうかをイメージ化する段階の想像活動にあるわけです。

2　絵に反映する子どもの心と生活

子どもの，この想像活動の混乱は，子ども自身の心（精神）のありようと深いかかわりがあります。

子どもたちが，お話を読んだり聞いたりしたとき，どのようなものを自分の心の中に受けとめているか，お話の中の主人公に同化し，主人公と同じ世界を体験しながら，何を思い，何を考えていったかという同化のし方と，子ども自身の心（精神）の結びつき方です。

人間は，同じようにものを見ても，人それぞれの見方と受けとめ方があります。

子どもの場合も同様に，その見方や受けとめ方があり，そこに，子ども自身の人格や性格も反映されます。そして，さらに，その人格や性格は，生活のし方によって，形づくられていくのです。

子どもの表現は，そこに子どもの心が反映され，生活が反映されるといわれるのは，このためです。

何を描いているのかわからないような絵を描いてしまう子どもは，結果的には，想像する世界のあいまいさにあり，その想像

する世界のあいまいさは,お話を受けとめ,同化していくことのできる子ども自身の心のありように問題があることになります。

子どもは,そのために,お話の世界に素直に入りこみ同化することができず,お話の世界と関係のない自分勝手な体験の世界をつくり,絵の中に織り混ぜて描いてしまうことになるのです。

子どもの素直さは,その意味で大切です。

3　2年指導事例

○題材「ちからたろう」

＜指導のねらい＞

じっさま,ばっさまのあかの固まりから生まれた"わらしっこ"が大きくなって,人々のために,自分の力を役立てるようになっていく過程を読みとり,表現させます。

躍動感のあるちからたろうの姿をいきいきと描くために大きな紙に筆描きで表現したいものです。

＜準備物＞

4つ切り大の画用紙(和紙でもよい),細筆,墨汁,絵の具,(鉛筆)

ちからたろう（2年）

＜展開＞

①　『ちからたろう』のお話を読み話し合う。

お話を読んで思ったことを話し合う（子どもたちが何に心を動かされたのかをつかむ）。

・展開されるお話の要点を話し合い,おさえる（象徴的な場面はどこかを考える）。

②　ちからたろうの人がらや動きを話し合う。

・ちからたろうの強さ,やさしさはどんなだったか。どんなところに見られるか。

・身なりや服装もおさえておく。

・それぞれの場面でのたろうの動きを,子どもたちに動作化させる。

（他の人物とのかかわりも入れて,部分的に劇化してもよい）。

③　筆描きの経験のない場合は,その扱い方を十分に習熟させる（線描きの練習）。

腕で描く,手首で描く,指先で描く,などの描き方をやってみて,その違いを子ども自身でつかませたい。

④　お話の好きな場面を描く。

・たろうやその他の人物のようすを動作化し,その動きを描くように工夫する。

・子どもたちで,互いに動作化し合い,見せ合って,動きをとらえる。

・筆で描く前に,あらましの人の形や動き,位置を鉛筆で描いておく。

・筆で描いて彩色する。

＜留意点＞

・このお話の絵を描くポイントは,①動きの描写,②筆描きのおもしろさにあります。

作品を展示して,みんなで見て話し合いたいものです。

（深田岩男）

お話の絵

> ⑤ 低学年の子どもは，お話の"なりゆき"にこだわる子が多く，お話の中のいくつもの場面を描きたがります。このような描き方はいけないのでしょうか。

1　お話の流れを楽しむ絵

お話には「話の流れ（時間）」・「展開（空間）」があります。低学年の子どもがお話の"なりゆき"にこだわるのは当然で，自然な形でお話の流れや展開が表現できる紙芝居，絵本，絵巻物はお話の絵に適した表現様式です。

また，お話の中の過程や順番が大切な意味をもつもの（たとえば，だれのパンか）やお話の展開がおもしろいもの（たとえば，へこきあねさがよめにきて・ふしぎなたけのこ）など初めから終わりまで描くことの方が自然でよくわかり，紙芝居や絵巻物にした方が楽しめます。

好きな場面を描いたり，典型的場面を1枚の絵にするほうがむしろむずかしいことです。また，好き嫌いで描くと主題がずれたりします。やはり，子どもたちが絵を描く中でお話の主題を無理なく理解が深まるようにさせたいと思います。その点，続き絵になる絵本や絵巻物は描きながらより深い読解をさせていくことができます。

個人で小さな絵巻物をつくるのもよいし，グループやクラス，学年で大きな紙芝居や絵巻物をつくるのもよいでしょう。

2　クラスの協力で紙芝居づくりをしよう！

お話の初めから終わりまでを1人で描くのは時間もかかり過ぎ大変です。また，短時間で仕上げたら雑になります。みんなで協力して描く協同画の取り組みをしましょう。

朝鮮民話・イナゴとアリとカワセミ（2年）

3　2年指導事例

○題材「スイミーの紙芝居づくり」

＜指導のねらい＞

レオ・レオニ作の『スイミー』（好学社）は絵本として大変有名です。

「青い平和な海で楽しく暮らしていた小さな魚たち／ある日，突然おおきな魚が襲ってきて仲間の魚が食べられた／生き残った赤い小さな魚たちと心をひとつにして／黒い小さな賢い魚のスイミーは大きな魚を追い出し平和をとりもどした。」

このお話を絵本やさし絵とは違ったオリジナルな雰囲気を出すために，魚たちは赤と黒の染め紙を切って貼りつけます。

また，グループで手分けして描きます。4人1組で紙芝居ができるようにして，掲示します。1人が1枚の絵を描くわけですから，ていねいな描き方ができます。4人1組の紙芝居なので相談しながら，責任をもって仕上げさせます。

＜準備物＞

絵の具道具一式，画用紙，黒と赤の染め紙，はさみ，のり

＜展開＞

① 4人1組になり，どの場面を担当するかを話し合い，各自で下絵を描く。

② 下絵を4人で見せ合って，意見交換する。つけ足しや修正をする。

③ 担当した絵を描き，彩色し始めに，もう1度色についての4人の話し合いをしてから彩色する。

④ 赤と黒の小さな魚たちは4人で切ってつくり，担当の子が必要な場面に貼る。

⑤ 紙芝居の順に掲示して，順に暗唱した文章を朗読させながら，絵の鑑賞もさせる。

＜留意点＞

1組の紙芝居として制作するのですから，絵の色調などの雰囲気がバラバラではこまります。下絵の話し合いと彩色の話し合いがとても重要です。

お互いの描き方をよい意味で影響し合えるよう子どもたちの話し合いの内容をしっかり把握するよう注意しましょう。

（鷲江芙美子）

スイミー（2年）

⑥ 　1枚の絵ではなく，お話の流れにそって描くような絵の指導もあってもよいと思いますが，その場合，どのように指導すればよいのか，その手順を教えてください。

1　1枚の絵にするむずかしさ

お話を絵に描くとき，多くの子どもたちが戸惑うのは，お話の中のどの場面を描けばよいのかという場面の選択です。

このような戸惑いは，低学年の子どもに限らず高学年の子どもでも戸惑うむずかしい課題です。

それは，お話というものが時間の経過をたどって，1つの結末を迎え，その中で，子どもたちに訴えかける主題が語られていくものであるのに対し，絵は，お話のように，その時間の流れの全部を描くことができないからです。

絵に描く場は，どうしてもある1つの場面を切り取って，その中に子ども自身がつかみとった主題を描き出さなければならないのです。

ことに，低学年の子どもは，自分のとらえたお話のすべてを語ろうとして描きます。同図異時表現やレントゲン描法が現われるのはこのためです。ここに，お話を1枚の絵にするむずかしさがあります。

2　未熟な想像の世界

子どもにとって，お話を絵に描くときに，最も大切なのは，描写する力ではなく，お話に同化しながら，あれこれとそのありさまをイメージしていく想像活動です。

とくに，低学年の子どもの想像活動は，知的な育ちや経験の不十分さによるイメージのあいまいさが目立ちます。

この想像する力の未熟さを，より確かで豊かなものにしていく指導こそが，お話を絵に描く取り組みの中で大事に考えられなければなりません。

もともと，子どものイメージの世界は，子ども自身の生活の中で形づくられていく意識や感性によってつくられていきます。

このようなイメージの世界を，お話という間接的体験を通して，その内容をそれぞれの意識や感性とつき合わせながら，みんなと話し合い，具体的にイメージとして構築していくことが大切です。

そのために，お話の絵では，話の展開にそって，場面場面の情景を確かめ，より深くお話の内容（主題）をとらえ，イメージを具体化して描いていくような表現方法が求められるわけです。

3　絵巻（絵本）形式の絵

一般に，絵を描くというのは，できごとのある場面を切りとって1枚の絵に表現することだと考えられてきました。

しかし，それは，いろいろな表現形式の1つに過ぎません。

絵巻や絵本形式の絵は，わが国独特の表現形式の絵として生まれ，発展していきました。「信貴山縁起絵巻」「源氏物語絵巻」「鳥獣戯画」など，できごとを語り伝えるためのものとして描かれました。

また，昭和の初め頃，わが国で初めての子どもの絵巻指導を実践した人がいます。

伊勢，早修小学校での中西良男氏の実践がそれです（『子ども絵巻の指導』）。

子どもの「連続理念」という発達の特性に目をつけた，当時としては画期的な絵の指導でした。

絵巻や絵本のような続き絵の表現形式は，子どもにとって，時間の流れや空間の広がりにわずらわされることなく，お話の進展にそって，その場その場の情景を描いていくことができます。

4　2年指導事例

○題材「ブレーメンの音楽隊」

＜指導のねらい＞

年とった動物たちが，互いに共感し合い力を合わせて，どろぼうをやっつけていくことになる過程を絵巻に表現します。

＜準備物＞

障子紙用の和紙8つ切り1/2大（B5），サインペン（鉛筆），絵の具

＜展開＞

(1)　お話を読み聞かせる（さし絵は見せない）。

・どこで，だれが，どんなことをしたのか，話の流れの要点をつかむ。

・感想を話し合う。

(2)　お話の進展にそった場面を話し合って取り出す。

①ロバ　②ロバといぬ　③―④―⑤―⑥―⑦みんなでどろぼうを追いはらう

(3)　お話の中の描いてみたいところを描く。

・ここでは，子どもたちがどんなところに心を動かされているかを見る。

(4)　だれが，どんな場面を，どのように描いているかを話し合う。

・どんな場面をとらえているか。

・どのようにしぐさや動作を描いているか。

(5)　お話の進展にそった各場面を順を追って描いていく（主要なものだけ描く）。

・ブレーメンへ向かう1本の道という設定の上で，そのなりゆきを描いていく。

・主要な場面を確認しておく。

・各場面を順を追って描き，つなぎ合わせていく。

＜留意点＞

・だれとだれが，どこでどんな話をし，何をしに，どこへでかけ，何をしたかを確かめて描いていくようにします。

・それぞれの場面での動物のようす（しぐさ，動作，表情）を工夫して描くようにします。

（深田岩男）

ブレーメンの音楽隊の絵巻（一部）（2年）

お話の絵

> ⑦ 子どもたちは，よく，教科書のお話のさし絵や絵本の絵をまねて描こうとします。さし絵や絵本の絵はどう扱えばよいでしょうか。

1 わたしのオリジナル絵本づくり

まず，第1の方法としては文章だけ印刷してさし絵を見せないようにします。それでもよく知られているお話の場合，すでに見ていることが多くありますので，「わたしのオリジナルな絵を描こう！」というふうに「まねた絵を描かない」目標をもたせましょう。

お話にそって劇化するなど，子どもが自分の体を動かして，さし絵とはちょっと違った感想がもてるように概念くだきをしましょう。劇化による身体表現で，お話のイメージ化がより具体的になります。

次頁の事例の『漁師と金の魚』（ロシア民話・プーシキン作）のように金の魚に（海に向かって）"じっさま"がどんなかっこうで頼みごとをするのか「海の色と頼みごとをする姿」にしぼって，その場面だけの劇遊びをしながら読解していきます。子どもそれぞれの姿が見られます。

2 さし絵を逆利用してミニ絵本づくり

国語教科書のさし絵を逆に利用して模写をし，ない場面を「さし絵を逆利用したミニ絵本づくり」にして「まねをして，さらに発展させる」とう発想の転換をしましょう。

下のミニ絵本はどちらも国語科と図工科の授業を同時進行させて取り組んだ作品です。

国語授業で板書した文章がそのままミニ絵本のまっ白な画面に書きこまれ，その空白にさし絵のあるところはまねて描き，さし絵のないところは自分のイメージを絵にします。ミニ絵本はとても喜んでつくられます。

花いっぱいになあれ（1年）　　　おじさんのかさ（2年）

103

3　2年指導事例

〇題材「漁師と金の魚・絵本づくり」
＜指導のねらい＞

どんどん欲深くなる"ばっさま"のいいなりになっていく主体性のない"じっさま"への批判を海の色の変化と金の魚へお願いするポーズの変化で読解させていきます。

国語科と図工科の合科授業を組織していきます。文章だけの物語を読みながら"じっさま"になって海に向かって（金の魚に）願いごとのセリフをしゃべらせます。部分的に劇化していき、次にその場面の海の色と、そのポーズの"じっさま"を描かせます。

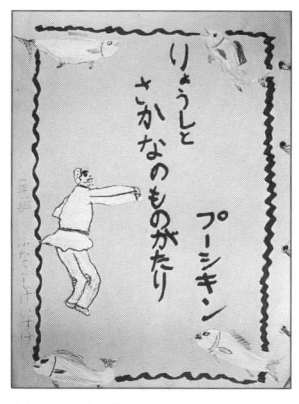

＜準備物＞

絵の具、はさみ、のり、画用紙、色画用紙、クーピー、文章だけを印刷したお話

＜展開＞

① 国語授業では主に劇遊びを、そしてじっさまのポーズを中心に、小さい画用紙にじっさまをクーピーで描いていく。

② 国語授業のすぐ後で、海の色を中心に絵の具で色だけ描いていく。

①と②を交互に6場面くり返す。

③ 読解した海の色とじっさまのポーズの変化がよくわかるようにつなぐ。

④ 主体性のないじっさまへの批判が、最高に高まる最後の場面を中心に8つ切り画用紙に描く。

⑤ 国語と図工で描きためた金の魚やじっさまや海を色画用紙にお話の文章プリントと順番に貼っていき、綴じる。

⑥ お互いの絵本を交換して鑑賞する。そして感じたことを、文に書かせる。

(鷲江芙美子)

絵本・漁師と金の魚の表紙（2年）

漁師と金の魚・読解のための折りたたみ絵本（2年）

お話の絵

⑧ 友だちの絵を鑑賞するとき，どのように扱っていけばよいのかわかりません。絵を見て話し合うときの具体的な方法を教えてください。

1　子どもの目と鑑賞指導

　幼児・低学年期の子どもは，ほとんどの場合，自分の描いた絵に満足しています。

　それが，どんなにまとまっていなくても「思うように描けた」といいます。それは，描かれた結果の絵を見て，そう答えるのではなく，自分のイメージとして浮かび上がったものごとを，自分なりに描いたという思いがあって，そういう答えを出してきているように思われます。

　ところが，一方では，そんな自分の絵に満足していながら，他の子どもが描いた絵には，意外にきびしい批判をします。

　たとえば，となりの子の人物の絵を見て「手がへんや」とか「足が短い」などと描かれている人物の形や姿をきびしく指摘し批判します。それでいて，自分の描いている人物がとなりの子と大差がないというのが普通です。

　これは，子どもが描くという自分の行為の場面では，主観的な自分の内側の意識でとらえ，他の子の絵を見る場面では，自分の目に映る現実のものの形やようすを見る客観的な目でとらえるという相矛盾した意識の中にあるからです。

　この，ものごとの主観的なとらえ方は，幼児・低学年期の子どもの特性として早くから知られていることなのですが，このような特性を，客観的なものごとのとらえ方へと変革していく手立てとして，鑑賞指導の1つの役割りがあります。

　絵を見て話し合う鑑賞指導は，その意味で重要視して扱いたいものです。

2　鑑賞指導の視点とその扱い方

　友だちの絵を見て話し合う指導では，つぎのような視点や，その扱い方を大切にしたいものです。

　①　絵を読む…どんなようすが描かれているか，どんな感じが伝わってくるか，描かれている絵の内容を読みとる。

　②　描き方をみる…どんなに描かれているか，描き方のよさを発見させる。

　図式の描き方を否定せず，しぐさや動作など形のもつ表情のよさを発見させたい。

　③　画面の構図を見る…画面の空間がどのように使われているかを見る。

　幼児・低学年期の子どもの絵は，大切なものだけを描き，必要以上に関係のないものは描かない。それが画面（絵）の緊張感をつくり出すものであることを念頭に置いてみること。

　何が，どんなに目立って見えてくるかを話し合うこと。そのことを通して絵のよさを発見させること。

3　鑑賞指導と話し合い活動

　鑑賞指導で大切なもう1つのポイントは話し合い活動です。

　①　自分の話したいことをまとめて話せるようにする。

　子どもの話し合いは，どうしても思いつきの発言になります。そのために，自分の考えや思いを文に綴らせ，それをもとに話

し合うようにすることです。

②　自分の絵の感想を文に書いてまとめる。

どんなことが描きたかったのか，それがどんなに描けたのか，描けなかったのか，などを文で整理しながら書くことです。

③　友だちの絵を見ての感想を書く。

友だちの絵の，どんなところがよいと思ったか，よくないと思ったかなど，気づいたことを文でまとめます。

こうした感想を発表したり，交換したりすることを通して，内容のある確かな話し合いを展開することが大切です。

4　2年指導事例

○題材　「友だちの描いた絵を鑑賞する。お話の絵・てぶくろを買いに」

〈指導のねらい〉

友だちの描いたお話の絵「てぶくろを買いに」を見せ合って思ったことを話し合い，絵を描くときの大切なことや描き方を理解させます。

〈準備物〉

それぞれが描いた絵（教室に全部掲示）

〈展開〉

①　自分の描いた絵の感想を文で書く。

○どんなところを描こうと思ったか。

描きはじめから描き終わるまでのことでうまくいったところ，こまったところを思い出して書く。

②　友だちの絵を見て感じたことを話し合う。

○友だちの絵をじっくり見る。
・きつねの親子をどんなに描いているか。
・日ぐれの町のお店をどんなに描いているか。
・森の中をどんなに描いているか。
○友だちの絵を見て思ったことを文で書く（だれのどんなところがよいと思ったか）。
○2，3の子の感想を発表させて話し合う（取り上げる感想は教師が拾い出しておく）。

〈留意点〉

○とくに，子どもの絵の鑑賞では，表現の意図や内容とかかわった表し方を重視し，単なる技法的な吟味にならないようにしましょう。

○低学年では，つぎのような視点で見ます。

①絵の内容を読む。②しぐさや動作の描き方を見る。③空間の使い方を見る。

（深田岩男）

てぶくろを買いに①（2年）　　てぶくろを買いに②（2年）

> 9　絵本を見せると，子どもは語りの文を読まずに，絵だけを見て終わってしまいます。絵本の鑑賞のし方を具体的に教えてください。

1　子どもの心とお話の絵本

洋の東西を問わず，子どもを対象とした昔話や民話，童話の絵本は無数にあります。しかし，それが，子どもの人格や心の育ちとどのようにかかわっているのかをもう少し考えてみる必要があります。

子どもにとってお話の絵本は，子どもが直接に体験することのない世界に入りこみ，体験していく（間接的に）ことを通して，人間の願いや人生についてそのあり方を実感し，身につけていくことになるものだからです。

子どもは，ことばや語り，絵を通して，自分の体験の世界を広め，自分の直接の体験と結び合わせて意味づけ，嚙みしめていきます。

お話の絵本は，このように，体験的なものとして，子どもの心や人格の育ちと深くかかわっていく大切な世界です。

どんな絵本を取り上げるか，それは子どもの心の育ちにとって意味のあるものとしての選択が求められるわけです。

また，子どもは，ある意味で，大人以上にいろいろなことを知っています。

大人が一般に「知る」というときは，自分の知識体系に組みこみ，照合することができることとして「知る」世界を形づくっているのですが，子どもは，直観的に，ものごとに反応し，とらえます。頭でとらえるのではなく，何となく感じとってとらえるのです。

この，子どもの全人格的な直観力でとらえるとらえ方も重視しなければなりません。

大人が失いかけている人間としての大切な能力だからです。

2　絵本と子どもの目

絵本は，絵と文が1つになったお話です。

絵本は，文が主でなく，絵が主でもありません。絵と文が同格に存在し，しかも，それが，ただ平面的に並べられているという関係ではなく，絵と文が立体的に有機的に結び合わされ，絵本という，絵でもなく，文でもない別の次元の世界がつくり出されているものなのです。

もともと，絵は，直接見たこともないものを，その絵で見て知るということもありますが，子どもにとっては，自分のまわりの現実を，ものの像（形）や色で見直すことを教えてくれるものであり，そのことを通して，1つの世界に入りこむ能力をも高めてくれることにもなるものです。

子どもは，こうして，真実なものを見抜く目と心を自分のものにしていくのです。

それゆえに，絵もまた"読まれ"なければなりませんし，絵を読む訓練も必要なのです。

3　事例　絵を読みとる子ども

子どもが，絵を読むというのは，一体どのようなことなのか，その事例を紹介したいと思います。

1982年，この幼稚園では，子どもたちに，

お母さんたちが，絵本『ひろしまのピカ』（丸木俊 作・絵）を取り上げ，絵を見せながら読み聞かせた事例があります。

初めに，数人のお母さんが他のお母さんたちにアンケートを取って，その反応を調査しました。

「よい機会があたえられた」と喜ぶ親がある一方，「小さい子どもに，このような絵本は早すぎる」と反対する親もありました。

ところが，その中に1つ，つぎのような回答文があったのです。

「家に帰るとすぐ，読んでほしいといい，せがまれて読んでやりました。

赤いお箸がとても印象的で"まだお箸，もってる"とつぶやいていましたから，その次の次の頁でしたか「そのお箸は，手からはなれなかった」という文が出てきて，親子とも，なるほどと納得しました。(略)」

この文を読んだ園長先生が，そのことについて，つぎのように述べています。

「私がハッと思ったのは，M君の"まだお箸，もってる"と言ったつぶやきです。『まあ，この子は，まだ箸をもっとる』という絵本の文を読む前に，"まだお箸，もってる"とつぶやいたのですから，この子は，ずーっとみいちゃんの姿を見つづけてきたことが，よくわかります。

M君のことばに導かれて，改めて絵を見直すと，赤いお箸をもっているみいちゃんは，『みいちゃんが気づいたとき，あたりはまっくらでした』という場面から，実に11場面にわたって描きつづけられているのです。このことに気づかなかったのは，私だけなのかと思い，お母さんたちや先生たちと一緒に絵本を読みましたが，M君のように見ていた大人はいませんでした。

大人たちは，改めて絵を読み直し，3歳のM君の絵の読み方，見方に，なるほどと溜息をつきました。」

このように，絵を読むというのは，その内容に自分を重ね合わせて(同化して)，ひたむきに，主人公の姿を追いつづけながら見ていく，子どもの素直な目と心です。

絵本の鑑賞指導というのは，このような子どもの絵の見方を育てることです。

(深田岩男)

『ひろしまのピカ』(小峰書店)

版　　画

カニ（1年）P.113

虫とり（1年）P.116

1 低学年でつくる版画には，どんなものがあり，どのようにつくらせたらよいでしょうか。その指導の手順や方法を教えてください。

幼児・低学年期の子どもは，図式といわれる概念で絵を描きます。この図式概念は一度つくり上げられると，かんたんに崩すことができません。

そのために，子どもの描く絵は，いつも固定された形でしか描くことができません。

たとえば，人の形についても同じで，直立したような形の人物は，どんな場面でも，そのようにしか描くことができません。

しかも，この固定的な概念は，知覚に基づいてつくり上げられたものです。

版画は，このような人の形を，体のしくみにあわせて切りとり，組み立てることができます。頭，胴，腰，手，足といったように，各部分の面をつくり，貼り合わせて組み立てていきます。

このように，版画も1つの知覚概念ですが，絵を描くときのような知覚概念をくだいて，構造的な新しい表現形式を発見させることができるのです。

1 低学年からの人の形の指導

1年の子どもたちの描く絵は，何の指導もしないでいると，1年間パターン化された絵がつづきます。低学年のうちに概念を崩しておきたいものです。それには，紙版画の人物づくりは最適です。

2 人の体はいくつでできているでしょう

掲示板に模造紙を貼り，その前に子どもを立たせ，頭，首，肩と名称をいいながら体のシルエットを写します。

・シルエットクイズ

頭を○1つとすると体全体は，いくつでできているでしょう。

人の体は，五頭身でできていることを，しっかりとわからせておきます。

3 体そう人形づくり

下図のように体そう人形の線形と部分を描いたプリント（印刷したもの）と，厚手の白ケント紙を用意し，はさみ，割りピンも用意します。

切りとって，どこを上に重ねていくか，話し合いながら，割りピンでとめて，体そう人形をつくります。

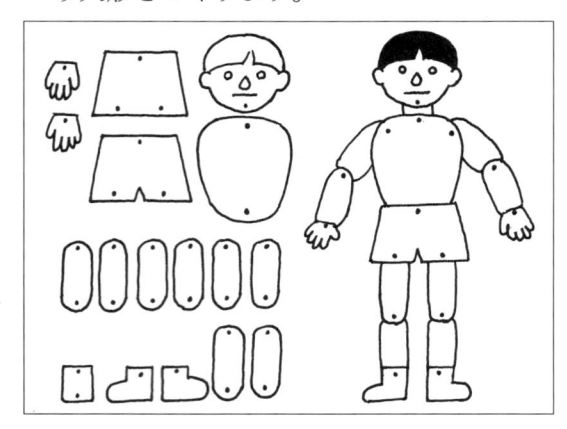

4 人の動き，表情

体そう人形ができたら，それでいろいろな動きを操作させて遊ばせます。走ったり，逆立ちしたり，飛んだり，こけたり……自分のくらしの再現を楽しんでやらせます。

先生用には，体そう人形に服を着せてお

版画

き，本当の人形のようにしておき，いつでも遊べるように教室においておきます。

5　1年指導事例

＜指導のねらい＞

友だち，お家の人と心を交わし合い楽しかったことはありませんかと，子どもたちに投げかけておきます。

今まで，絵日記で描いていたことを，紙版画ですることを知らせます。また，紙版画は，どんなものかも実物で知らせます。

何を紙版画でするか決めさせておきます。

- 6年のお兄ちゃんに，チューしてあげたら，お兄ちゃんが，びっくりした。
- あっちゃんと馬のりしたら，あっちゃんに落とされ，背中をうった。
- やよいちゃんとブランコにのった。空見たら，青い空色やった。

＜準備物＞

8つ切り厚手の白ケント紙・縦半分

＜展開＞

- 子どもたちといっしょに，白ケント紙に人物の形を左図のように描いていく。
- 縦線，横線も，遊びのようにフリーハンドで楽しんで描かせていく。

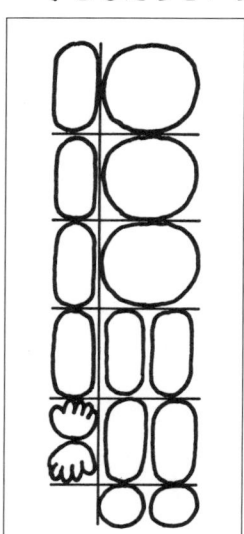

（縦線には，マジックで点を入れておく）。

- お道具箱のふたを用意させ，その上で描いた頭，手，胴体などを順に切っていく。

まっすぐな人　上向いている人　横向いている人

下向いている人　斜め上向いている人

（残りの紙は，髪の毛や，目耳などをつくるので，ふたに入れておく）。

- のりを中指につけて，台紙の画用紙につかないように，ていねいに貼って，組み立てていく。

＜留意点＞

- 台紙には，鉛筆で形を描かないで，チョークで先に描いておいて，その上を鉛筆で描くと失敗しません。
- 弟や妹をつくる場合は，自分より小さい紙につくります。反対に大人の場合は，大人を大きめにとって，残りの小さい方を子どもにします。

（平野育子）

犬のさんぽ（1年）

② 低学年では，型押しやこすり出しから紙版画に入っていくとよいといわれますが，それはどうしてでしょうか。そのわけと指導の手順を教えてください。

1 型押しやこすり出しの楽しみ

型押しやこすり出しは，版画の原形です。こすり出しは，自然の木の葉や板の木目など，凸凹のあるものの表面を，こすり出し写しとるもので，ものの形がそっくりそのまま写し出されます。

子どもにとって，このような方法で本物そっくりのものを写し出すことができるのは，おどろきそのもので，大変喜んで取り組んでいきます。

型押しは，これも簡単に，ものの形を印を押すように，くり返し写し出すことができます。子どもたちにとって，これもおもしろ味のある活動となります。

版画は，このような"写し出し"をするしごとであることを理解させ，版のつくり方を実際にやらせて会得させることです。

2 1年指導事例

○題材「じゃがいもの型押し」

素材として，じゃがいもは，比較的安く手に入り，どの家庭にでもあるものです。

太めのクギを使って，じゃがいも版をつくります。

＜準備物＞

じゃがいも(中小)，太いクギ1本，絵の具，和紙

＜展開＞

① じゃがいもを包丁で半分に切る。切ったあと，表面に水気がなくなるまで乾かす。

② クギで，自分の顔を彫りこむ。

③ 絵の具を少し濃いめにといたところ

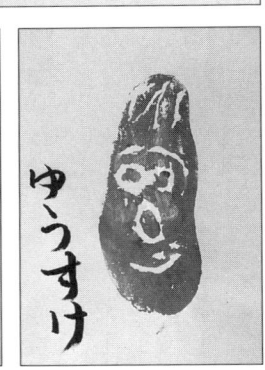

じゃがいもの型押し（1年）

へ，できた版をつけ，和紙に押し，写す。

○題材「消しゴムはん」

自分の名前のハンコがあると，ちょっと描いた絵や，本に押したりと楽しめます。

＜準備物＞

白い消しゴム，とんがった鉛筆かボールペン，2Bの鉛筆，朱肉

＜展開＞

① 消しゴムと同じ大きさに，ワラ半紙を切りとる。

② 切った絵に，自分の名前の1字を2Bの鉛筆で濃く書く。

③ 名前の書いてある紙を，消しゴムにこすりつけ，写す。

④ 写った字を，先のとがったもので深く削っていく。

⑤ 朱肉で彫れているかどうかを確かめる。

（平野育子）

朱肉をつけて押した名前のはん（1年）

版 画

> ③ 低学年で紙版画の版のつくり方がわからない子が意外に多いように思います。紙版画のしくみや構造の特徴をわからせるポイントを教えてください。

1 身近なものから版づくり

紙版画では，紙を切って貼りつけたものに，インクをつけて写したとき，どうなるかが子どもにはわかりにくいようです。

そこで，身近なもの，カメ，カニ，魚，ナスビ，サクランボ，トマトなどの簡単な版づくりから始めます。

2 1年指導事例

○題材「カメをつくる」

＜準備物＞

画用紙，はさみ，鉛筆，のり

＜展開＞

カメのつくり方（その手順）

① カメは，こうらと，頭(首)，シッポ，手と足に分かれていることを話し合う。

② こうらをもとにして，手，足，シッポをつけていけばよいことを理解させる。

③ 画用紙に，こうらを鉛筆で描き，切りとる。

④ 頭(首)，手，足，シッポを，それぞれ画用紙に描き，切りとる。

⑤ 貼り方は，どうすればよいかを考える。

首は，こうらの下，上，どちら？
足は，こうらの下，上，どちら？
手は，こうらの下，上，どちら？
シッポは，こうらの下，上，どちら？

⑥ カメの動きをつくりながら貼る。

⑦ こうらのもようは，どのようにつくればよいかを考えさせる。

⑧ こうらのもようを貼る。

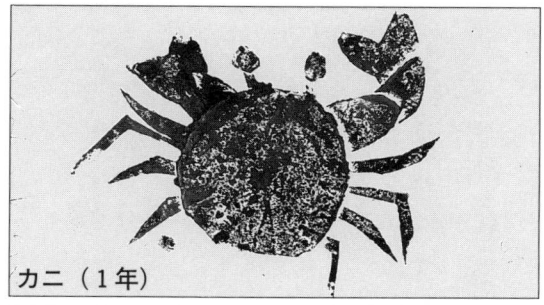

カメ（1年）

カニ（1年）

魚（1年）

⑨ 目もどうすればよいかを考え，貼る。

⑩ でき上がったら，水性版画インクか絵の具で，カメをぬる。

⑪ こすって，写しとる。

＜留意点＞

貼るときに，上に貼るか，下に貼るか，よく考えてつくらせます。

子どもたちは，1つでき上がると喜んで次の作品をつくりたがります。簡単にできる楽しさを身につけておくと，人物など，複雑な版づくりが容易になります。

（平野育子）

④ 子どもたちに"横から見た友だち"を紙の版につくらせたら，顔や体を正面向きにつくってしまいます。どう指導したらよいのか，そのポイントを教えてください。

1 表現を工夫する版画

ともすれば，子どもたちの絵は1回勝負の世界になってしまいます。画家は1枚の絵を描くために，何枚もの下描きの中から1枚の絵を描き出すといわれています。

子どもたちの図工科の表現活動に，そんな場面があるでしょうか。1枚の絵から，何を描きたいのかをイメージ化していく過程を大切にしたいものです。

1年生の子どもたちの絵は，正面向きの絵がほとんどです。横を向いたときの人の体は，どうなるのか，ていねいに考えさせていきます。

2 1年指導事例

〈展開〉

・顔

横向きになると，目や鼻，口，耳は，どこにくるのかを観察し，考えさせる。

・手

手は，右手と左手が，どうなるか観察し考えさせる。ここでは，位置関係が大切なので，手前，向こうといういい方をきちんと指導する。

左向きでは，肩から左手へと続いていることを理解させる。右手も肩から出ているが，右手の位置によって，見えたり見えなかったりすることを理解させる。

子どもたちが，レントゲン描法で描いた場合，観察を通して，実際には見えないことをわからせ，描いた線をチョークで消すと，見える線と見えない線の違いを理解することができる。

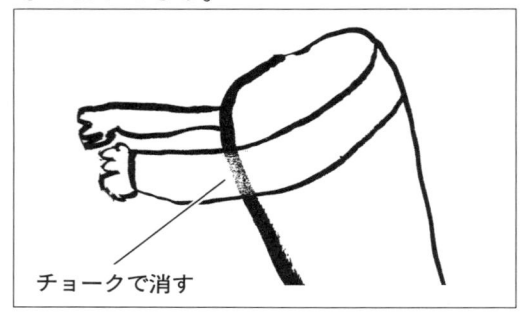

チョークで消す

・体

子どもは，体を描いた線のすぐ下に，両手足を2本描いてしまうので，体の大きさは実際に，どれくらいあるか，確かめさせる。

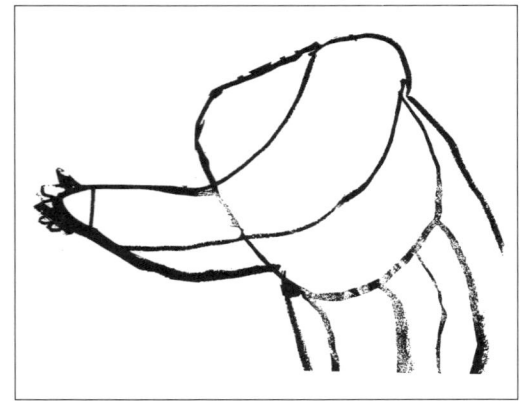

・足

足も，手と同じように考えて，動きをつくっていく。およその位置や大きさが理解できたら，そのときの絵の感じを，どう表

版画

現したらよいか，考えさせる。

3　紙版をつくる（横向きの人）

○題材「1年の入門期，体そう人形による紙版画」

＜準備物＞

厚手8つ切り画用紙・縦1/3，のり，はさみ

＜作り方＞

① 8つ切り画用紙・縦1/3を用意する。8つ切り画用紙の縦と横に，マジックで体の部分をつくる枠の線を引くための印をつけておく。

② つけられた印と印を結ぶ。

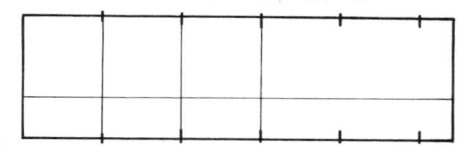

③ それぞれ，形をとって頭，体，足，手などを描き，切りとる（右上図参照）。

④ 台紙の画用紙に体の全体の形を並べ，その時の動きやしぐさを版に構成していく。

⑤ 体の部分を紙に貼るとき，上に貼るのか，下に貼るのか，よく確かめて貼る。のりは，中指でぬり，紙版画をよごさないようにする。

動きを工夫する

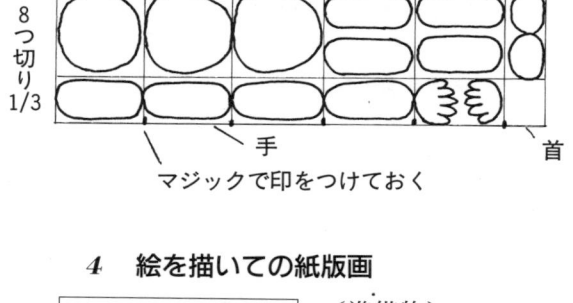

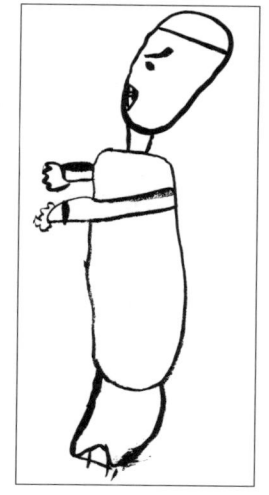

マジックで印をつけておく

4　絵を描いての紙版画

＜準備物＞

厚手の8つ切り画用紙，のり，はさみ

＜作り方＞

① 描いた絵を見て，そのまま置いておく部分と，版にするためにとらなくてはならない部分について，黒板で色分けをする。

② 版にとらなくてはならない部分を，写させる。

③ その時の心の動き，表情を，よく思い出して版を組み合わせる。

紙版ができ上がったら刷ってみて，もう一度工夫したいところがあれば，つくり直しをする。

（平野育子）

> 5 紙版画に使う紙を画用紙だけでなく，他のものも使わせてみようと思います。どんな紙を選び，どんな配慮をする必要がありますか。

1　違った素材を工夫

紙版は，紙だけでは硬い表現になります。雪なら雪のように，湯気なら湯気のように，その感じが出るように，雰囲気を出さなくてはなりません。

雪は綿を，湯気には毛糸を短く切って，ひねりをもどして使います。これは，タバコの煙にも使えます。

いろいろな材質のものを，場面に生かして，子どもたちに楽しませ，発見させていきたいものです。

2　1年指導事例

＜展開＞

○型押しの利用

紙版画のバックに当たる部分に，道端や草むらなどの場面がでてきたら，草をとってきて，それをうまく利用します。

草が，そのままの形で出てくる型押しの楽しみが，楽しめます。

下の紙版画のバックには，ナズナを使っています。

右上の紙版画のバックには，エノコログサを使っています。

虫とり（1年）

3　部分の型押し

紙版画の部分の表現に，身のまわりにあるものを，うまく利用していきます。

シャボン玉を紙版でつくると，まっ黒になって刷り出されてしまいます。ビンのフタを型押ししてみると，シャボン玉らしくなります。

(平野育子)

マラソン（1年）

シャボン玉あそび（1年）

版画

> 6 低学年の版画教材は，その扱い方によって，単なる遊びのような活動になってしまいます。どのような扱い方をすればよいのでしょうか。

1 くらしを見つめるために

今，私たち教師に，子どもたちのくらしが見えているでしょうか。

家に帰ればゲームやテレビに何時間も時間を費している子は，いないでしょうか。子どもたちの会話も，ゲームのことばかり。そんな子どもたちが多くなっています。

私たちは，まず，子どもたちが，くらしをしっかり見つめるために，生活のし方の指導から始めなければなりません。

そのために，よい綴り方を読んでやったり，よいくらしをするための文話をします。

2 文話をすること

「やっちゃんはね，お母さんが病気で，妹といつもお家にいたから，外で遊んだことがないの。絵日記の絵は，いつも，テレビを見ている絵ばかり描いていたの。

それを見たやよいちゃんがね，やっちゃんのお家に行って，やっちゃんをブランコやすべり台で遊びに連れて行ってくれてね。

すべりだい（1年）

やっちゃん，最初，ジャングルジム，足がふるえて登れなかったんだけど，もう，てっぺんまで平気で登れるようになったんだよ。やよいちゃんが，やっちゃんのお家に『遊ぼ』と誘いに行ってくれたからだね。

とも君はどうかな。この間から友だちとお話してても，ゲームの話ばかりだね。これでは，よい生活をしているとは言えないね。

とも君が，友だちや弟，年下の子と夢中になって遊んでも，心が動くようにしないといけないね。とも君だけじゃないね。」

子どもたちが，体と心を働かせて，日記に書きたいことがいっぱいあるようなくらしをするための文話です。

子どもたちにとって，ねうちのある日記の題は何か，探すのは大変むずかしいものです。図工科という枠の中だけでなく，国語科，生活科など，他の教科と関係づけていかないと，いきいきとした子どもたちの

やっちゃん（1年）

117

くらしは見つけられません。

3　1年指導事例

<展開>

○子どもの語りや綴り方から

　学校やお家であったうれしいこと，発見したこと，楽しかったこと，いやだったこと，"おや"と思ったこと，どんなことでもよいから，うそでない本当のお話を絵に描くことから始める。

　子どものお話は，教師が聞きとり，文章にしていく。ひらがなを習い終わる頃には，自分で文を書くようにする。

　下の絵は，カメを見つけ，重さをはかったことを絵日記に描き，それを紙版画にしたものである。

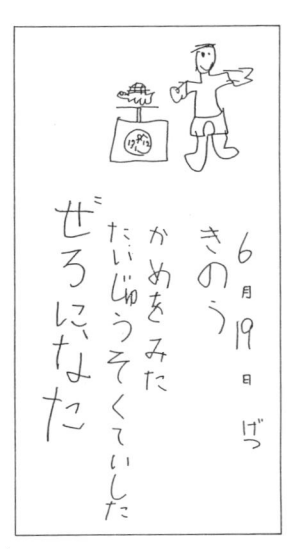

○版画文集

　版画をするときだけでなく，絵に描くときも大切なのは，日々のくらしをしっかりと見つめ，表現するための意味やねうちのある題を，自分で探させることである。

　雨が降ったから，雨が降ったことを描くのではなく，雨が降ってきて，どんなことをしたのか，おばあちゃんの仕事場へ傘をもって迎えにいったこと，というように，くらしの中の心の動きを見つける。

　ねうちのある題を，時間をかけて探し，クラスのみんなの紙版画と，その文をのせて版画文集をつくる。

どらむかん
ひみつきちへ　いった
どらむかんをみつけた
やまがやくんが
がっきつくろ　といった
ぽんぽんって
おとがした
おどりそうになった

おとうさんのうで
おとうさんの　うでに
ぶらさがったら
そらを　とんでる
きぶんに　なってきた

6月19日　げつ
きのう
かめをみた
たいじゅうをくていした
ぜろになた

カメ（1年）

あつし

　版画が刷り上がったとき，「わぁー」と子どもたちの目が輝きます。白黒の世界から自分のくらしが出てくるからです。

　子どもたちは，紙版をつくりながら，もう一度，そのくらしに立ち返り，ものごとをよく見ようとします。よい版画は，よいくらしから生まれるものです。（平野育子）

> 7 版画をカレンダーづくりと結びつけて扱いたいと思います。どのような内容のものをどのように指導すればよいのか，その手順と方法を教えてください。

1　カレンダーづくりと子ども版画

　低学年の版画では，とりたててカレンダーのために版画をするのではなく，子どものくらしを絵日記にかくように，版画で表現していくようにします。

　くらしの版画をするとき，何でもよいというのではありません。

　家族や友だちとのかかわりの中で，題材を選ぶことから始めます。子どもが自分の目や意識をくぐらせた表現活動を通して自分のくらしを見つめる確かな目と心を育てることが大切です。

　子どもたちには，「進んでお手伝いをして，お家の人と心を交わし合ったことはありませんか」「友だちのやさしさにふれあったことはありませんか」「おじいちゃんやおばあちゃんといっしょにしたことで心が動かされたことはありませんか」など，働きかけておくことが必要です。描く前の指導を，ていねいにしておかなければ，何を描いたらよいか，わからない子がいるからです。

　このようにして，自分のくらしの中で，描きたいものを見つけ，くらしの版画をつくります。

2　1年指導事例

○題材「カレンダーづくり」
＜展開＞
○カレンダーの日時の下を空けて，誕生日，参観日，遠足など，子どもが書きこめるようにしておきます。

　印刷は，8つ切りの画用紙，色画用紙，厚手の上質紙などに，縦，横，2種類をつくっておきます。
○子どものつくった版画は，
　① 子どもの作品を，カレンダーにそのまま貼ってつくる。
　② 日にちを書いたカレンダーに，作品をコピーして貼り，印刷する。
　（これだと，手早くできます。）
　③ 子どもの作品だけをコピーし，画仙紙に印刷して，カレンダーに貼る。
　（和紙に貼ったように仕上がります。）
　②と③の方法は，カレンダーに友だちの作品も入れて刷ることができるので，手早くできます。

　表紙をつくり，12枚まとめてホッチキスでとめ，その上を製本テープでとめます。

（平野育子）

紙版画の文集（1年）

1997
1

日	月	火	水	木	金	土
			1	2	3	4
5	6	7	8	9	10	11
12	13	14	15	16	17	18
19	20	21	22	23	24	25
26	27	28	29	30	31	

ぶらんこ（1年）

デザイン

染め紙の表紙（2年）P.138

アジサイとデンデン虫（1年）P.125

> ① 低学年のデザイン学習を取り上げるとき，どのような視点で，どのような内容を組み立てればよいのでしょうか。その手順と方法を教えてください。

1 **1年題材例**　手近なところから題材を探す。図工科だけでなく生活科からも。

1　自然のものから

| 「押し葉のこすり出し」 | ①乾かした落ち葉を台紙1/16紙に葉脈を上にしてのりづけし，ラップでカバーして標本をつくる。 | ②標本の上に障子紙をのせ，パスでこすり出す。葉脈や輪郭が現われる。（本章4参照） | 「鉛筆立てつくり」石や貝，おはじきを並べる，はめる。（本章2参照） |

2　色水づくり・色紙づくり

①単色（水彩絵の具で）
　イチゴジュース　赤
　レモンジュース　黄

②2色混合（注　彩色用のプリントがある）
　オレンジジュース　赤＋黄
　メロンジュース　青＋黄
　ブドウジュース　赤＋青

色をぬり，まとめをしておく。（本章3参照）

3　折り紙・ブロック折り紙

自分で折る
（友だちと教え合う）
つくったら台紙に貼る
（手足に表情をつけよう）

（内山與正著「紙子ちゃんのブロック折り紙」『折り紙』国土社）

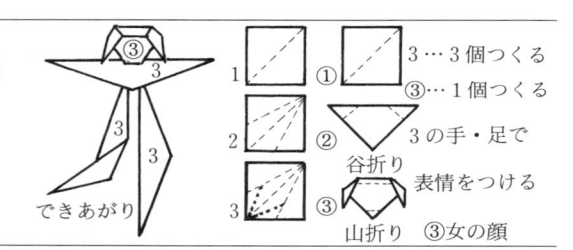

1　①　3…3個つくる
2　②　③…1個つくる
3　③　3の手・足で
谷折り　表情をつける
山折り　③女の顔
できあがり

4　織ったり，組んだり

| 「組み紙」1年生では，縦紙，横紙は，同じ1cm幅で | ①糸が布になる原理の初歩。 | ②縦紙と横紙は，1cm～1.2cmの幅にする。縦と横は，色を変える。縦紙の，上と下は固定し，上下2cm残して切る。下は切り離して組んでもよい。（しやすい方で）（本章5参照） |

5　伝えるしごと

「家族の紹介」●絵日記をつなげて（ハガキ大に描く）「めがねをかけたお父さん。よこに並んだお母さん。犬を抱いた私」のように。

「年賀状づくり」●絵日記から選ぶ・1人でできるようになったこと。・わたしのある日。・楽しかったこと。

6　絵本づくり

ミニ絵本のつくり方
（例）「ひとりぼっちのライオン」
＜4つ切色画用紙＞

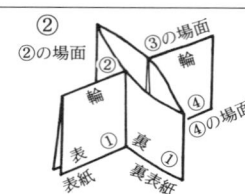

谷折り
山折り
切る

絵本の各場面の例　①表紙ひとりの草原の朝，②さびしい草原，③ひとりはいやだ，④みんなと草原，⑤裏表紙ひとりの夜の草原

デザイン

2　2年題材例
子どもの気持ちをくみとり，展開がうまく進むよう準備する。

1　自然のものから

| 「押し葉の標本からスケッチ―→表紙へ」 | ①1/16大の表紙をつくる 押し葉を標本（1～2種）にしたものからスケッチする。1種類でもよい。 | ②スケッチは拡大や縮小を考えて描き，切り抜く。1/16の台紙に配置を工夫する。 | ③配置の次は，色彩。自分の気持ちにあったイメージをたて，2色位で，構成する。（本章4参照） |

2　色紙づくり

「色紙づくり」
①　黄系　レモンとオレンジ　1次　レモンとオレンジの混色指導をする。
②　赤系　にんじんといちご　2次　にんじんといちごの混色指導をする。
③　青系　ききょうとピーマン 3次　ききょうとピーマンの混色指導をする。
・6色で色紙セットにする。（本章3参照）

3　ブロック折り紙

| 「集団でつくる」
（テーマ）
つなひき　夏祭り
朝出かける人々 | ①1年生のブロック折り紙（4つのブロック）でつくる。テーマにあわせて，手足に動きや表情をつける。 | ②小道具づくり こより・紙ひもで綱引きのつな，祭りのうちわやみこしなどをみんなでつくる。 | ③男の子の顔を折る紙子ちゃんは女の髪型。 |

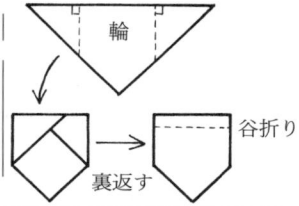

4　織ったり，組んだり

「組み紙」　　　縦紙の幅1cm，横紙の幅は1cmと5mmの2種類にする。
横紙を変化させて色　　横紙1cm幅のものに，もようをつけて，色をふやす。
豊かな組み紙を。　　（本章5参照：注　作図用付録がある）

5　伝えるしごと

「カルタづくり」

「くらしのたより」

6　絵本づくり

| 「赤ん坊の頃からいまのぼくまで」 | ①写真（があれば）をもとにし，家の人から当時の話を聞いて描く。 | ②妹や弟を負ぶったり，抱いたりした写真や，3～5歳頃の印象に残る写真から，場面や，文章が加わって，自分にしか描けない絵本づくりができる。「1歳のときのぼく」（本書口絵参照） |

（狩場和子）

② 教科書では，"飾って遊ぶ"ような活動が多いのですが，子どもたちは，遊ぶだけに終わっているように思います。それでよいのでしょうか。

1　「遊んだ後はゴミだらけの教室」

"飾って遊ぶ"活動をした後，教室の床の上はゴミでいっぱい。作品鑑賞をする間もなく終わることが多いようですが，遊んでつぶれる前に，お互いの作品の交流をする時間をつくりましょう。

実生活の中で，つくったものを"飾って，使う"活動を考えてほしいものです。子ども自身で自分の作品を評価し，反省点を明確にして，造形的課題に気づかせることが大切です。

"飾って遊んだら終わり"という風にならないよう，絵日記や作文に自分の思いや発見したこと，友だちの作品についての遊んだ感想を絵や文にまとめさせましょう。

2　「色水遊び」から染め紙へ

三原色の絵の具で色水をつくり，混ぜて遊ぶ「色水遊び」の後で和紙を染めてみます。

絵の具では色が淡いので，染料の3原色に替えて和紙の「染め遊び」をしましょう。

染める和紙の形を正方形にして折り紙になるようにしてみましょう。"折り染めの工夫"にもなり「自分で染めた紙で折り紙をする」ようにします。

色の学習（混色）にもなり，「自分の折り紙」という点で子ども自身の満足感はとても大きいものがあります。

みんなで染めた和紙で折り紙をして，教室の壁面を飾らせましょう。同じ折り方でも，オリジナルな染め和紙で折っているのでそれぞれがとても独創的な感じになります。

染めた紙で飾りを！

3　折り染め和紙で文集や作品集の表紙を

「染め紙遊び」でできた染め和紙でいろいろなものをつくらせましょう。

伝統的な民芸品の和紙の作品を参考にして，低学年の子どもでもつくれるように工夫して文集・作品集の表紙やうちわ，ブックカバーなどに使わせましょう。

「作って，遊んで，使って」楽しむことが大切です。

染め紙のうちわと本（2年）

デザイン

4　1年指導事例

○題材「壁面飾りアジサイとデンデン虫」

＜指導のねらい＞

　薄紫色とピンク色の紫陽花が美しく咲く季節に、正方形の和紙を8等分の直角三角形の屏風状に折り、薄紫色またはピンク色に染めます。正方形の輪郭線が濃い色に染まるようにします。

　紫陽花は小さな花の塊で一輪の紫陽花の中の数は100近くあるので1人で2枚の染め和紙を下図のように折ります。

　デンデン虫も染めた和紙をねじって工夫してつくります。

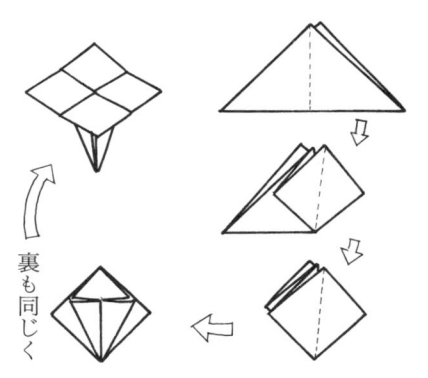

＜準備物＞

　絵の具、はさみ、和紙、のり、粘着性セロハンテープ

＜展開＞

① 色づくり

　薄紫色、ピンク色、黄緑色をみんなの絵の具を集めて大きな入れ物の中に溶いて濃いめの色水をつくる。

② 折り染め

　正方形の和紙を4等分に折り、さらに2等分した直角三角形の屏風折りにして、染めます。デンデン虫にする和紙や葉っぱにする和紙も染める。

③ 花・葉・デンデン虫づくり

　花を左図のように1人2枚折る。葉はハサミで切ってつくる。デンデン虫はねじった和紙を工夫してつくる。

④ 壁面に貼って完成。

＜留意点＞

　みんなで力を合わせてつくりますので、個人作業もできるだけグループ活動で進めていきましょう。

　教室に大きな薄紫色とピンク色の紫陽花が壁面に咲き、可愛いデンデン虫が子どもの数だけ雨の中で遊んでいるように工夫して飾りましょう。

（鷺江芙美子）

アジサイとデンデン虫（1年）

> ③ 地面に絵を描いたり，石（おはじき）や貝がらを並べて遊んだことを，もようづくりに発展させたいと思います。どのように展開していったらよいでしょうか。

1　貝やおはじきをはめこんだ絵筆立て

　地面に描いた絵も，石や貝がら並べの遊びもその場かぎりで消えてしまいます。何かの形に残せるものをと考えました。

　新しい鉛筆も短くなると筒の鉛筆立てから取り出すのは大変です。さかさにして短い鉛筆をいちいち取り出すのは，めんどうです。短くなった鉛筆立てを1年生の子どもがつくるには，何を使って，どうつくればできるか，考えてみました。さらに球形にした紙粘土に貝や色つきガラスのおはじきを，並べてはめこみ，ボンド接着をすると1年生でもできる鉛筆立てに仕上げられます。

　準備は，早目に手配することをおすすめします。作品の写真も見せておきます。

　材料は紙粘土にしました。初めは，平面のペン皿を考えました。しかし，1年生には手間が複雑なので球形のものにしました。そこに短くなった鉛筆をさし込む。それに貝がらや小石やガラスのおはじきなどを並べて，はめる——楽しんでつくってもらえたらいいなと思いながら，つくってみました。1年生を担任したとき，ごろごろ，くるくる粘土をころがして球形をつくったことがあります。かなりうまく全員まるくつくれました。

2　もようづくりは，自然体で

　球形を1周し，石や貝がらをはめこみます。

　みそ汁に使ったしじみ貝は，小さくてちょうどの大きさです。おはじきは色がカラフルで見栄えがします。

　もようづくりは，むずかしく考えさせないで，自然体で始めたらいいと思います。ビーズや，きれいな紙ひもや糸も使えます。身近にあるものを探してみましょう。ぜんざいの缶詰の空缶は，球形の作品の土台として最適です。早めに，周到に，子どもに話しておいて集めておくようにしましょう。紙粘土は乾くと少しは軽くなりますが，ぬれているときは1kgで直径9cm位の球形になります。

　巻き貝があったら，また違った並べ方ができたでしょう。

貝やおはじきをはめこんだ鉛筆立て（1年）

3　1年指導事例

○題材「貝をはめこんだ鉛筆立て」

＜指導のねらい＞

　無心に貝や石など並べて遊ぶ経験は、だれしも幼い日の思い出に残っていると思います。遊びを何かの作品に仕上げ、使用可能なものにしたいと思いました。もっと平たいものの方がよいか、球形の方がよいか、図に描いたりつくったりして球形を選びました。

＜準備物＞

　紙粘土（固すぎず柔らかすぎず、購入時に吟味のこと）1kg…1人分、短くなった鉛筆10cm以下5本、貝がら（しじみ）、小石、ガラスのおはじき、粘土板、ぞうきん、ゆであずきの空き缶か厚紙（土台）、ホワイトボンド

＜展開＞

（1）　導入　2つの質問から始める。

① 「貝や石ころやガラスのおはじきで遊んだことがありますか。」

② 「短くなった鉛筆をもっていますか。」

　10cm以下のを見せて「これより短い鉛筆をもっていますか」と問う。

　①と②のそれぞれの経験を聞き、特に②の短くなった鉛筆を取り出すときのめんどうさについて話し合う。

　Ⓐまだやわらかい紙粘土には、貝がらやガラスのおはじきを、ボンドをつけてはめこむこと、Ⓑ紙粘土をぐるぐる、ころころ転がしてまんまるくボール状につくること、Ⓒ鉛筆より太め（マジックインキ細がき約1.5cm）のもので穴を通し5cmの深さにすることなど概要を話す。

（2）　つくる

① 紙粘土1kgでつくった球形は先に担任が試作しておく。約9cmの球になります。ごろごろ回し球形にする。

　鉛筆をさす穴の太さや深さの指導は、担任がつくっていないと、肝心なところの指導ができないことである。

② 球形ができたら、ゆであずきの空き缶とか厚紙の上におき、とんとんたたいて底の座りをよくする。

③ ものさしで貝などはめこむ場所を下から何cmときめて、しるしをつけておきます。写真の作品は、1周で9個、はめこんでいく。

④ 鉛筆をさす穴は、マジックインキの細がき用直径1.5cmで、5～6cmの深さにする。短い鉛筆なら乾いてからちり紙でもつめて、深さを調節することも気づかせる。乾く前に何べんか鉛筆をさし込んでみて、入るか抜けるかも試させてみる。鉛筆の先が上向きでは危ないと思う人は、先を下にして、さしこむ。

⑤ 仕上げは、貝がら、おはじきのはめこみ。ぐっと押して中に入ったら、取り出し、貝などにボンドをつけ、あらためてはめこむ。色も考えに入れる。

＜留意点と評価＞

　鉛筆をさし込む穴は、あわてずまっすぐに協力し合って仕上げます。おうちの人に感想を書いてもらって、鉛筆立ての中に入れてもらうのも、1つの評価です。

（狩場和子）

> ④ 低学年の色水遊びを発展させることのできるような指導例があれば教えてください。また，その指導の手順も教えてください。

1　1年色水遊びと，次の指導例

　色感とは，色を見分ける感覚のことをいいます。色彩に興味を示す年齢は，人によって違うでしょうが，私が1年生のときには，「オレンジジュース」「メロンジュース」「グレープジュース」など，絵の具を使って色水遊びをさせてもらった記憶はありません。雨の日の折り紙に使った色紙，朝顔のしぼり汁，花札や百人一首のカードのもつ色あい，祭りの日のきものの色などが身のまわりにありましたが，それは，無意識でその場かぎりのもの。色感が育つための引き出しに収められたものではありませんでした。色水遊びの教材は，三原色を教えられ，その混色によって初めてつくった色ですから子どものおどろきや興味も大きかったと思います。その気持ちが消えないうちにプリント（次頁）に色をぬってまとめをしておきます。次の色彩指導には，色紙づくりを考えました。「メロン」「オレンジ」「グレープ」のパレットでの色づくりは，少しずつ混ぜる方の色を教えて，パレットに多く出させないよう指導します。半紙も2分の1大にしましょう。

2　2年色紙づくり

　既成の色紙が市販されていますが，ここでいう色紙づくりは，標準カラーに入っているものとは限りません。自分の目についたほしい色，出してみたい色を半紙（和紙）にぬった自作の色紙づくりです。
　最初から自分の出してみたい色といっても，やさしいむずかしいがありますから，一例として，次のものを選んでみました。
　赤系…「イチゴ」と「西洋ニンジン」
　黄系…「レモン」と「オレンジ」
　青系…「ナスビ」と「ピーマン」
　1年生のとくらべると少しずつむずかしくなっています。6色を目標に時間を分けて，実物が手に入りやすい日に実施しましょう。

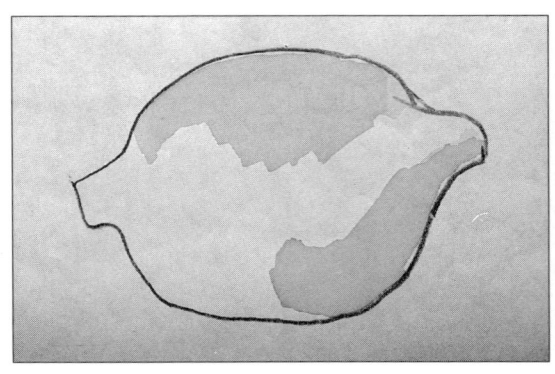

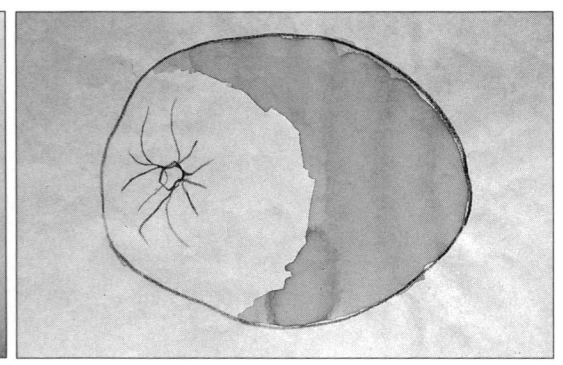

　　レモンの基調色づくり　　　　　　オレンジの基調色づくり

デザイン

3　2年指導事例

○題材「色紙づくり」（口絵参照）

<指導のねらい>

　クレヨンや絵の具の色名を知ることにはじまって，絵を描くうちに，その色に迫っていく色づくりが必要になってきます。

　「ほうせんか」の花の色は出せても「むらさきしきぶ」の色は，目に見えているのに思い通りに出せなかった記憶があります。色紙づくりの題材は，身近にある描きたいものの色を出し，それを和紙にぬって色紙にするものです。写生画と違うのは基調色（主調色）の1つだけをぬることです。

　対象物の色を出せるようになる機会をふやして，色感を育てる題材です。

<準備物>

　和紙（半紙か障子紙），試しぬりの紙，水彩絵の具，パレットとして使えるもの，刷毛か太めの平筆

<展開>

　話し合いと，試す，のくり返しで進行する。（先生：T，子ども：Cの表記）

　T「今日は，三原色赤黄青のどれかの色を使って「オレンジ」の色を出してみましょう。うまくオレンジの色が出たら，半紙にぬって色紙づくりをします。」

　T「オレンジは何色と何色を混ぜるのでしょうか？」

　C「黄色と赤です。」T「そうですね。」

　C「1年の時，色水ジュースづくりでしたよ。」

　T「うまく赤と黄を混ぜるということが，むずかしい。できるかな？」

　T「赤と黄と同じ分量パレットに出しました。混ぜましょうか。オレンジの色になるでしょうか？」C「なる！」C「ならないよ。」（先生がやってみる）

　C「赤すぎる!!」

　T「ほんとに赤すぎるね。ちょうどの色にするにはどうしたらいい？」

　C「黄に少しずつ赤を入れていけばいい。」C「黄をパレットに入れて，赤は針の先ぐらい少しずつ入れていけばいいと思います。」C「筆の先で少しすくえばいい。」

　T「じゃ，みんなもやってみようよ。色をあわせたら，試し紙にぬってみること。」

<色紙づくりから色紙セットづくりへ>

　C「○○ちゃんの色よく似てるよ。」

　T「ほんとにね。どうしたのか話してみて。」C「試し紙見せて。」

　T「色が出たら，ぬる用意（下図参照）をして始めましょう。色を多めにつくること。」

<留意点と評価>

　「ピーマン」の色はほとんど青と黄と同量に近いけれど，やはり黄の方が心もち多いようでした。試させてください。

　黒板に板書（下図と①②③6色そろえば○として評価します。　　　　（狩場和子）

① 空いた左手で紙を押さえる
② 半分乾いて，紙が浮いてきたら，そっとはがす
③ おもし，アイロンをかける

1　画板
2　下敷き
3　半紙

おれんじ じゅうす

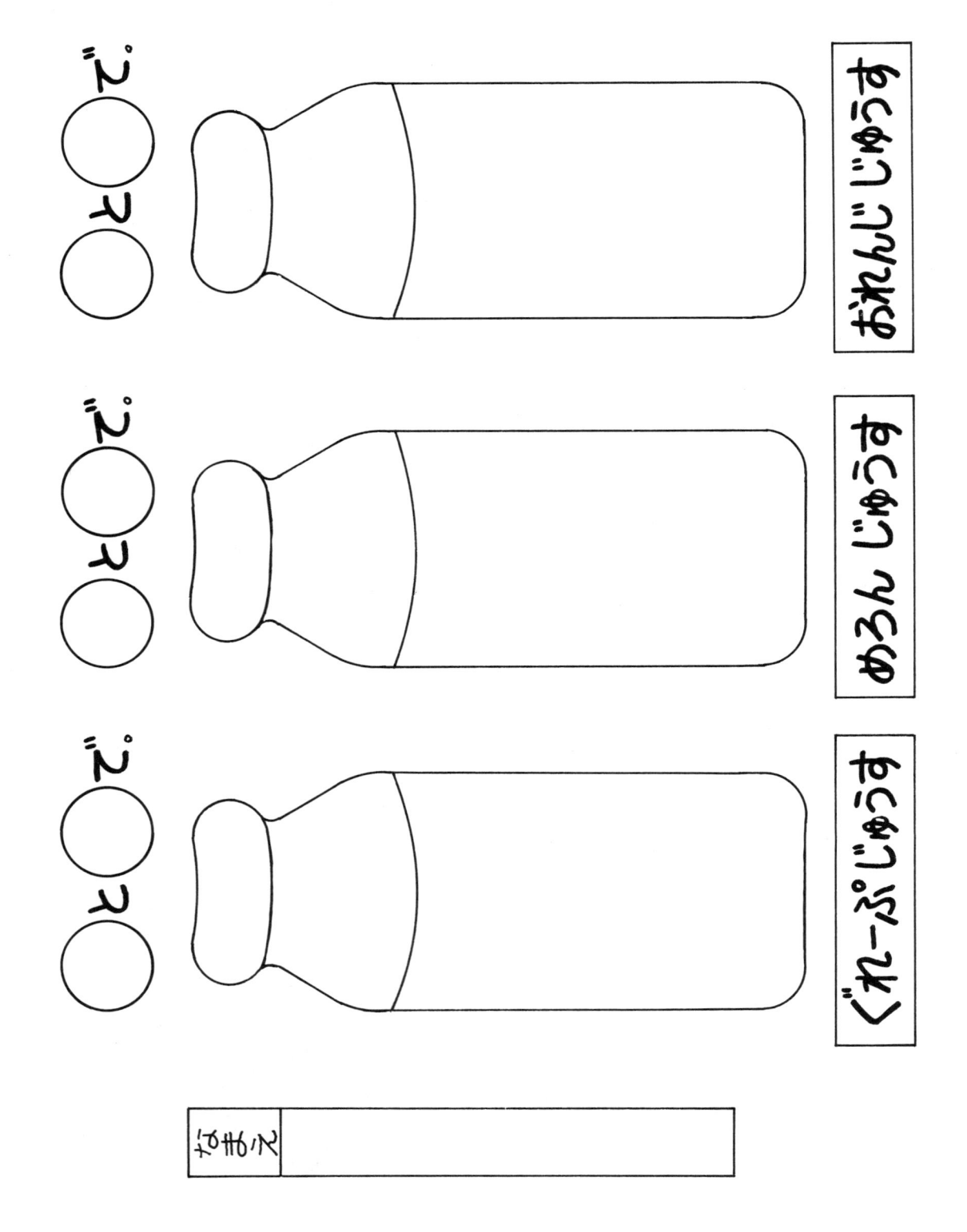

ゆろん じゅうす

ぐれーぷ じゅうす

なまえ

デザイン

> ⑤ 子どもの興味を引きつけていくもようづくりに，子どもたちの身近な自然のものを使えばよいと思います。その扱い方や指導方法を教えてください。

1　1年「押し葉のこすり出し」

　秋の落ち葉は，自然からの贈りものです。いちょう，カナダかえで，もみじなど，きれいだなと拾って紙の間にはさむだけでは表現には至りません。拾った何種類かを(拾い出すと，つぎつぎと目につき集めてしまう)台紙1/16大にのり付けし，自分の標本づくりをします。この題材は，図工科はもちろんのこと，生活科がめざす，身近なところにあるものを見つめ直すチャンスをつくるものです。落ち葉は形や葉脈もいろいろです。秋は，とくに色も美しくなるので，まめに拾い集め，1週間か10日ほど雑誌にはさみ，時々かえて乾燥させます。1/16大の画用紙に貼りますが，葉脈の凸凹が出ている方を上にしてこすり出しがしやすくなるようにします。障子紙を上にのせ，パステルでこすり出すと，図のように形が現れます。濃いめの絵の具を葉につけ紙をのせ，こすり出しでうつして，形をとってもよいでしょう。

2　2年「押し葉のもようで表紙づくり」

　のりづけで落ち葉は固定しているので，自分でつくったその標本をモデルにゆっくり形を描きます。拾った葉の大小や，色あいの種類を考え集めておくと，表紙づくりに変化や，よいひらめきがうかびます。

　標本づくりは，大切な準備物としてつくっておきます。落ち葉のもようづくりは，むずかしく考えないで目についたもの，好きな葉から選びます。形を描くうちに，自分の気持ちが葉の形に集中できたら，しめたものです。表紙づくりにするので，好きな形の葉や，その大小，感じのよい配置など考えましょう。色は表紙づくりの大切なポイントです。

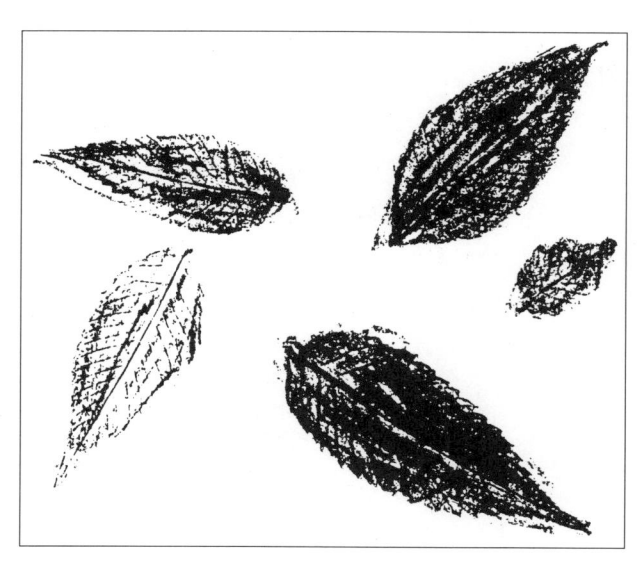

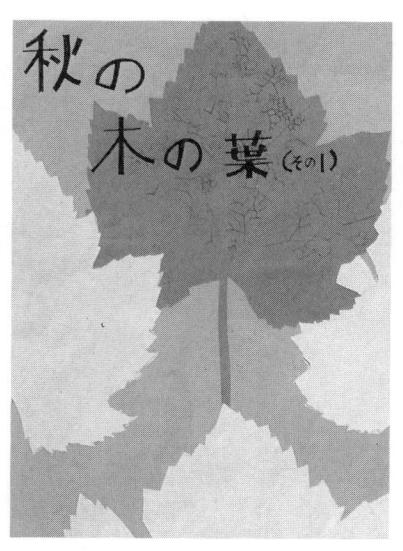

こすり出し（1年）　　　　押し葉のもようの表紙（2年）

3 1年指導事例

○題材「押し葉のこすり出し」

<指導のねらい>

葉脈の出ている方を上にして台紙1/16大にのりづけし，乾かしてラップ張りにします。

葉の形を描く前の段階として，こすり出して形を確認する題材として扱います。

<準備物>

押し葉の標本2〜3種，台紙1/16大，のり，障子紙，パステル，ラップ，鑑賞画

<展開>

① 押し葉の上に障子紙をおく。
（ラップをはずしてもよい。）

② 左手で押さえ，葉脈や輪郭がよく出るようにパステルでこすり，よぶんなパステルの粉は吹いてとっておく。

<留意点と評価>

① 葉の葉脈が出ている方を上にして紙をおき，こすり出すと効果的でうまくできます。

② 1年生の葉の配置を見た例では，39名中同じようなのが4名（となり同士），対称は11名，何かをイメージしたのが8名，

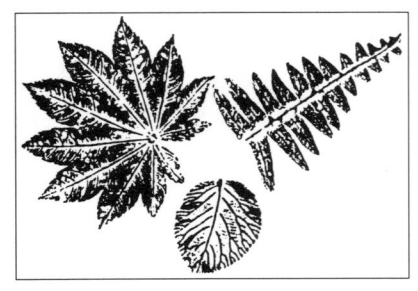

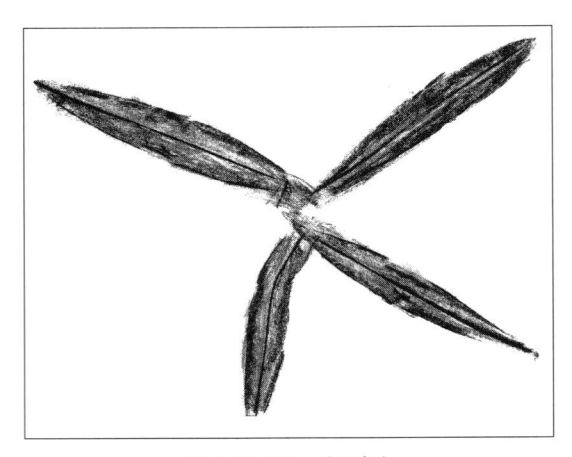

こすりだし（1年）

その他16名で，自分で考え配置した子どもが多かったようです。色も単色より2色のパスを使った方が多いという結果でした。

山本文彦作・実物の葉に絵の具をつけてプリント（『アトリエ』1983年1月号，アトリエ出版）
（授業の導入とこすり出しのときに鑑賞）

4 2年指導事例

○題材「押し葉のもようで表紙づくり」

<指導ねらい>

表紙に落ち葉のもようはよく使われます。押し葉をそのまま使ったり，写真にして題字を置いたりします。

表紙づくりをした子どもたちは，押し葉の標本づくりをした後で，「あさがおは，ふねに似てる。人の顔や，UFOに似てる」「ゼラニウムは，ひろげたくじゃくの羽に見える」とイメージを綴っています。じっと葉の形を見たからでしょう。

<準備物>

押し葉の標本1〜2種類，色画用紙，色紙，のり，はさみ

<展開>

① 1〜2種，描きたい葉を描く。

② 大小をつくりたいときは，大きい紙，小さくしたいときは小さい紙に描く。

③ 描いたスケッチを1/16大の台紙に

デザイン

いろいろ並べてみる。その時心が動いて，これは大きくしようとか，小さくしようとか思ったら，思ったようにやらせる。色使いも台紙を色画用紙にしたり，スケッチした絵を色紙におきかえたりする。

＜留意点と評価＞

① 子どもに描く時間，配置を考える時間を配慮します。色を決める場合（2色までと一応決めておく），相談に対応していきます。

② 感想文は自分の工夫したこと考えたことをありのままに綴ります。

③ 表紙に題字を入れます。用途により決めます。「作文集」とか「秋の木の葉，その1」などの表紙名がつけられます。評価は総合した過程を見てします。（狩場和子）

押し葉のもようの表紙（2年）

6 両面カラー紙や色紙を使って、低学年の子どもにもできる組み紙のもようづくりについて、その手順や方法を教えてください。

1　1年の組み紙　縦紙も横紙も同じ太さで組む

太さは1cmでも1.5cmでもかまいません。

糸が布になるためには、縦糸に横糸を通して、ある広さをもつ面にします。

組み紙も原理は同じで、何本かの縦紙に、横紙を通して面を構成していきます。1年生なら縦紙も横紙も同じ太さでつくらせていきます。1cmより細いのは、操作がむずかしくなります。

1年の組み紙で考えておきたいことは、6本なり8本の縦紙の上下を固定するか(A)、上は固定。下は切りはなすか(B)の2通りが考えられます（どちらも操作の長短がある）。

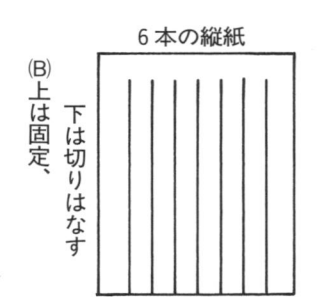

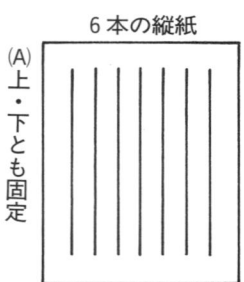

①　黄色　1cm幅
②　緑　5mm幅
③　みず色　1cm幅もようつき
④　赤　5mm幅
⑤　ベージュ　5mm幅
⑥　朱　5mm幅

横紙の例

(B) 上は固定、下は切りはなす　6本の縦紙
(A) 上・下とも固定　6本の縦紙

2　2年の組み紙　縦紙は1cm、横紙に変化を

縦紙は1cm、横紙を5mmにしたり、1cmにしたり、色を考えたり、その色にもようをつけたりして、組み終わりの色の仕上がりに変化が出るよう構成を考えます。右上は横紙をつくった例です（①〜⑥）。右下の模様は、1cm幅の黄と緑の縦紙、5mm

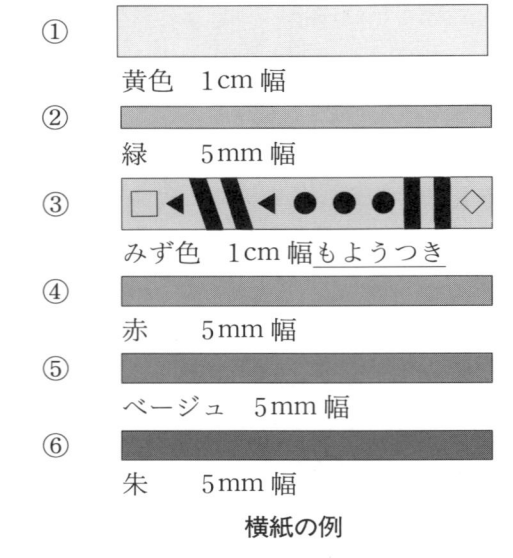

組み紙作品例（2年）

134

の赤の横紙を使った組み紙の作品例（簡単な色使いの例）です。

3　2年指導事例

○題材「横糸の変化で，組み紙を美しく」
＜指導のねらい＞

組み紙を美しく仕上げるには，色紙の色の選び方と，縦紙・横紙の太さにあわせて上手に切る方法を考えていくことにあります。どうすればよいのか，一緒に考えてみましょう。先生は先に試作のこと。

＜準備物＞

色研ワークの色紙（自分で染めた色紙：本章3参照），方眼用紙（付録として付けています。上質紙に印刷して配布），ものさし，毛糸のあみ棒（横糸通し用），のり，はさみ，クリップ，ビニル袋

＜展開＞

① 縦紙用（作図付録分を使う）の外わくを切る。山折りにし，クリップでとめる。

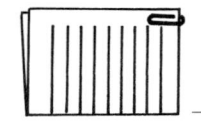

―――― 山折り線を折る。
　　　　クリップでとめておく

記名して，集めて担任が保管。

② 横紙づくり

付録の紙Bの1，2，3のうらに，それぞれ色紙を貼る。1例として黄・緑・赤を選んでいく。裏に黄（8cm×17cm）緑（8×17）赤（4×17）各cm大の色紙をのりで貼り，重しをかけておく。

・①の縦紙用の①～⑬まで，両わきをクリップでとめて動かないようにして，まっすぐにゆっくり切る。

・横紙（黄）（緑）（赤）の裏には，それぞれ，1cmとか，5mmの線が印刷してあるので，その線にそって，ゆっくり，まっすぐに切る。

・横紙をしっかりさせるために上質紙で裏うちする。横紙が切れたら，ビニル（透明）の袋にしまっておく。

＜組む＞

縦紙用の切りこみ線に横紙を通す。毛糸のあみ棒のようなものを使って，1つおきに縦紙をすくい，横紙を通す。赤の横紙は，あざやかさが強く目立つ色なので細くしても変化をつけてくれる。

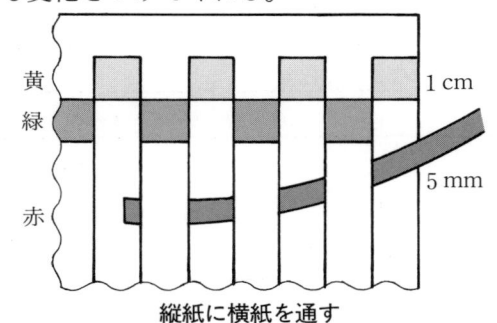

縦紙に横紙を通す

＜留意点と評価＞

横紙を1本通し終わったところで，うまく通せたかどうか子どもに聞いてあげましょう。個人指導も必要です。

3本通し終わった子から爪で横紙をつめこむことを教えましょう（3～4人位ずつ）。いわゆる，おりこみをしっかりするということです。横紙が真横に通るときれいな仕上がりになります。上下の余白を裏に折ってのりづけし，裏に紙を貼り2つ折にします。両わきをボンドで接着し，細い色紙（組み紙に使った色から選ぶ）を貼って，飾りと，補強を兼ねておきます。紙や小さい袋がプレゼント用にも使えます。

(狩場和子)

A ······ たて紙用　——切り線

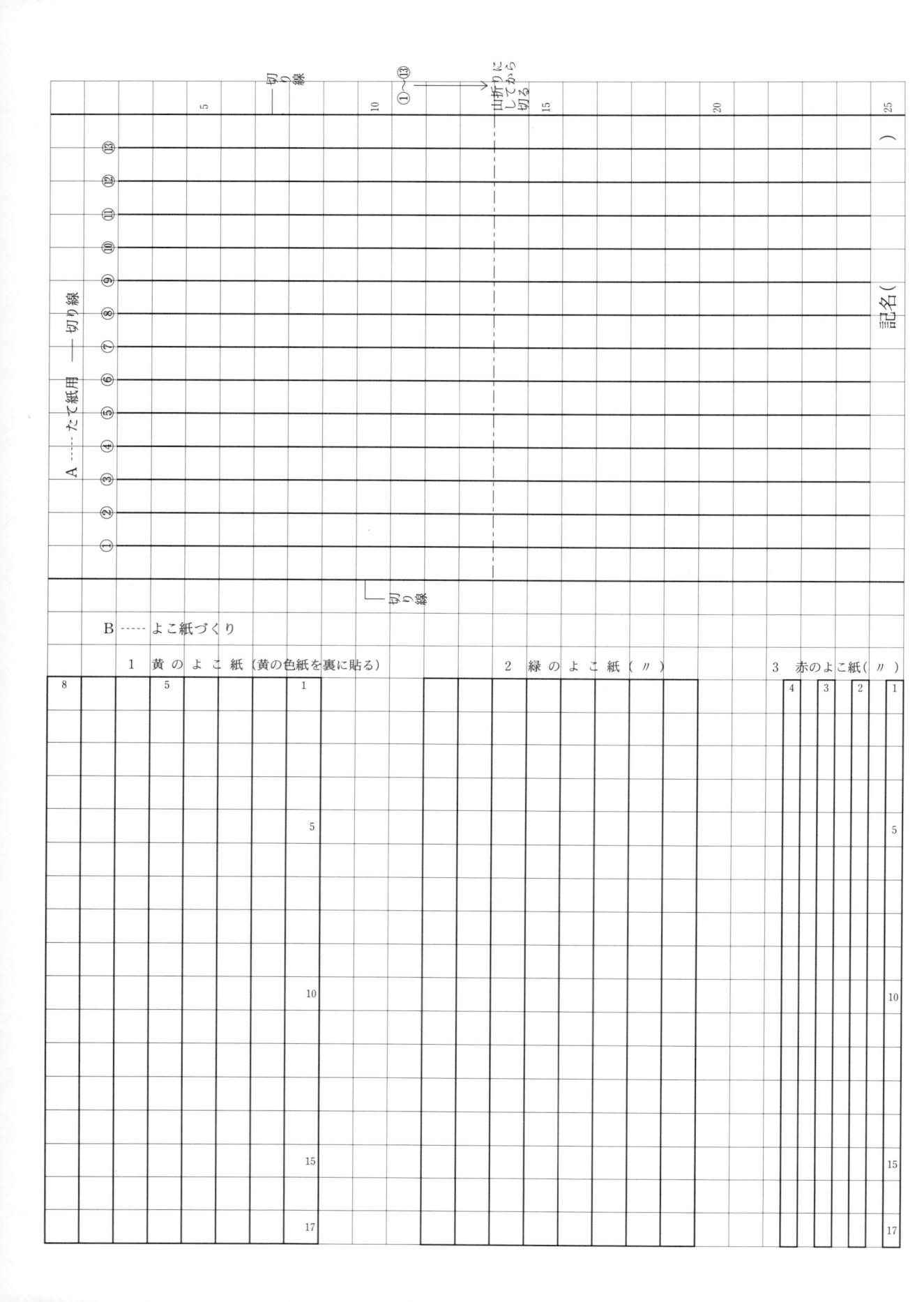

B ······ よこ紙づくり

1　黄のよこ紙（黄の色紙を裏に貼る）　　2　緑のよこ紙（〃）　　3　赤のよこ紙（〃）

(うら)

赤（例）	緑（例）　　8×17	黄（例）　　8×17
4×17		
5mmのよこ紙	色紙をこの面に貼る	色紙をこの面に貼る
赤い色紙をはる	のりがかわいたら，重しをのせておき，	のりがかわいたら，重しをのせておき，
のりがかわいたら重しをのせて平らにし，	1cmの幅（うらの線にそって）に切る	1cmの幅（うらの線にそって）に切る
5mmの幅に切る		

> 7　デザイン指導で，型押し遊び，折り染め遊びなどをさせるだけでなく，それを飾りに使って，何かをつくらせたいと思います。どのように指導すればよろしいでしょうか。

1　遊んでつくった作品を身近な生活用品に！

　画用紙いっぱいに型押しした作品や折り染めの作品の紙をブックカバーやノートカバー，うちわなど，紙の美しさを生かした飾りに使いましょう。

　また，下図の「牧場の牛」のような型押し作品の下に，日めくりの要領でカレンダーや予定表をのり付けしてみます。

　単に作品を提示するだけでなく，毎日の生活の中で使うものにすることは，現代の"使い捨て"文化の問題点を考え直すよい機会になると思います。また，伝統的なものや，昔の人々の生活の工夫を知ることになります。自分のつくった作品を身近な生活用品にして使って生かしていきましょう。

2　"型押し遊び"からいろいろな展開を！

　干支の動物を野菜の型押しで表現して年賀状によく使います。"はんこ遊び"という感覚で，自分のマークをつくっていろいろな自分の身のまわりの物に押します。

　また，次頁の事例のように，手形を1つの目安にして自分の顔を描いていくなど，さまざまな展開が考えられます。意外性のあるこの実践は子どもたちをとても喜ばせ，楽しい授業の展開になります。

　手形をもとに顔を描かせ，顔の下に名前を書き切り抜きます。誕生月ごとにまとめて，教室の壁面に，大きな木や列車の形にして掲示しましょう。手型や足型で大きなこいのぼりのウロコにして廊下に掲示したり，校舎の屋上に飾ってみましょう。布にアクリル絵の具や染料で手形，足形でウロコを押すと早く完成して，しかも，本物のこいのぼりのように空をおよがすことができます。

　子どもにとって簡単にでき，失敗しないことや，スケールの大きなことを達成することは，満足感と自信をつけることとなります。

染め紙の表紙（2年）

「牧場の牛」お話づくり（2年）

デザイン

3　2年指導事例

○題材「手形から顔を描く」

<指導のねらい>

　5本の指をしっかり開いてパアの形をつくり，自分の顔にあてます。中指がちょうど鼻筋にあたるように顔にあてると掌の窪みに口がきて，中指のつけねに鼻の穴があたります。人差し指と薬指の先に眉毛がきます。つまり，手の形（パアの形）が顔を描くものさしになるのです。

　絵筆をもたない方の手形をとって，顔にあてながら，①唇，②鼻の穴，③鼻筋，④眉毛，⑤目と，触りながら色マジックで描いていきます。

　手形の中の顔の部品ができたら，額や耳の位置を確かめ，触りながら描きます。

　肌色は白・茶・赤でつくらせます。髪の毛の色も黄・赤・青を混ぜてつくらせましょう。

<準備物>

　絵の具（白・茶・赤・黄・青），太い筆，マジック（赤・黒・茶・オレンジ）

<展開と留意点>

①　肌色をつくって，手形をとります。少しねばっこい絵の具で，太筆を使って素早くしましょう。

②　色マジックで，次の順番に指のどのあたりになるのか実際に片方の手を顔にあてながら描いていきます。

（唇→鼻の穴→鼻筋→眉毛→目）

③　眉毛の上の額を触りながら，筆で肌色を少し薄め，左右に動かし額をぬります。

　小指と親指を延長したところに耳を描きます。触りながら描くようにさせます。

④　三原色を混ぜて，黒っぽい色をつくって髪の毛を描きます。指先に絵の具をつけて髪の毛を表すのもよいでしょう。

(鷺江芙美子)

中指…鼻筋
薬指上…眉毛
人指し指…眉毛
掌の窪み…口
薬指と人指し指の第2関節…目

手形の顔（2年）

⑧ 子どもにもできる"色染め"をさせてみたいと思います。何をどのようなもので，どのように扱い指導すればよいのでしょうか。

1　草花の選び方

子どもたちの身近にあるものを使って楽しませたいと思います。

生活科の教科書等で，花や葉を紙にはさみ，こすって型を写したり，しぼって色水をつくり，それを筆につけて絵を描いたりしている教材をよく見かけます。

しかし，留意しないといけないのは，朝顔などは紙に染めようとしても薄くしか染まりつかなかったり，乾いたらほとんど消えていることがあります。また，つゆ草などのように，きれいな水色が染まるけれども，1つの花からとれる量はごくわずかなために，たくさんの花を集めねばならないこともあります。

"材料に何を選ぶか"ということが成否の分かれめになります。授業を始めるまでにいろいろな植物で試してみることが大切です。

低学年では，たくさんの色素を含んでいて染まりやすいものを選びたいものです。

2　紙の選び方

色水がさっと浸み上がってくる紙でないとうまくいきません。洋紙は，なかなか水が浸みこまないので，和紙を選びます。

また，すぐに浸みこむ和紙でも，習字用の半紙などは紙を開いていくときに破れてしまうので，ぬれていても強い紙が適しています。

これらの点を考えれば，障子紙などもよいのですが，最近は1枚張りの大きいものがほとんどなので扱いにくくなっています。

こうぞ紙は，水の吸い上げがよく，水ぬれに強いので適していますが，手漉き紙は高価なので，機械漉きの方を使うようにしています。

3　1年指導事例

○題材「つるむらさきを使った色染め」

〈指導のねらい〉

・身近にある草花や実を使って色染めできることを知る。

・染める手順がわかる。

・工夫して，いろいろな染め方を楽しむ。

〈準備物〉

・和紙16切り位の大きさ1人3枚。

・つるむらさきの実（または，ようしゅ山ごぼうの実）が一番使いやすい。鮮やかな赤紫色の汁が出る。じょうぶな草花で1度植えれば毎年こぼれ，種から芽を出し，つるを伸ばす。葉は食用になる。秋に赤紫の実をたくさんつける。園芸店で種や苗を売っている。

・実から汁をしぼるための小皿。

・汁をこすためのガーゼかハンカチ。

・下に敷くための新聞紙

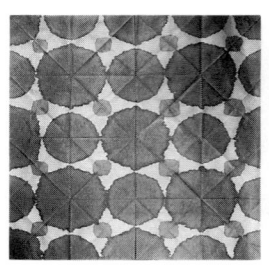

色染め①（1年） 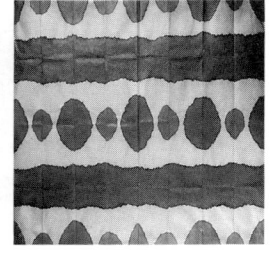　　色染め②（1年）

デザイン

```
A　三角折り（この場合は正方形の紙）
① ② ③ ④ ⑤

B　四角折り
① ② ③ ④ ⑤ ⑥

C　長四角折り
① ② ③ ④ ⑤
　　びょうぶだたみ
```

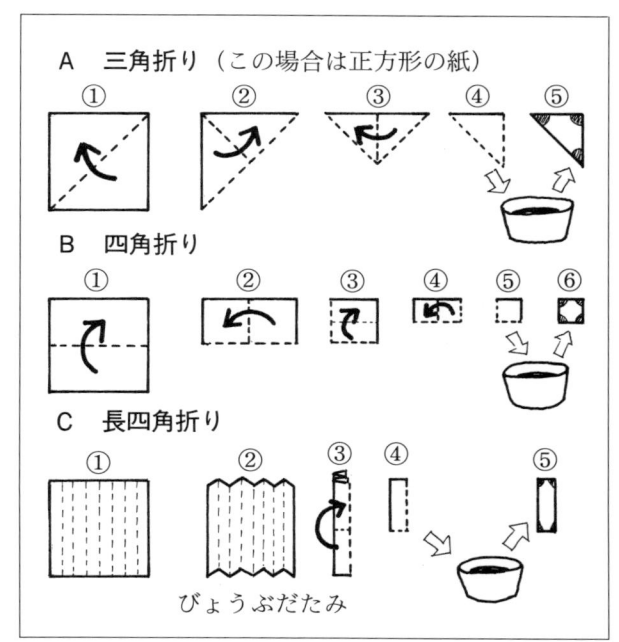

<展開>

① 実をつぶして，ガーゼでこし，種と皮を除く。

② 和紙を折って，角を液につける。折り方は，上図の3通りがある。紙の折り角を染めるとき，長く液につけると，紙が全部染まってしまうので1～2秒だけつける。

③ 折り目を開いて，新聞紙の上にひろげて干す。

<評価と発展>

自分でいろいろ工夫して取り組んだか，楽しんで活動できたか評価します。

　いちごパックの　　ブックカバー　　うちわに
　小物入れ　　　　　　　　　　　　　貼る

染めた紙をそのままもって帰らせるのでなく，それを生活にうまく生かせるようにしたいものです。

たとえば染めた紙を同じ大きさのイチゴパック2枚の間にはさんでまわりをホチキスでとめて，小物整理の箱にしたり，楮紙は摩擦に強いのでブックカバーにも使ったり，うちわに貼るなど，使い道は多いと思います。

4　2年指導事例

○題材「柿渋染め」

7，8月の柿の木にしぶ柿がまだ青みを帯びている頃，それを使って柿渋染めができます。木綿布に染めますが，媒染剤も使いません。

昔からの人間の知恵で，どこにでもあるしぶ柿を使って染めることができ，日光にあてて重合させると，日がたつほど色が濃くなり堅牢で色落ちせず，布もじょうぶになります。以前は和傘にぬったり，和紙にぬり重ねて染色用の型紙をつくる渋紙にしたりして，防水用，防腐用に使用されました。

<染め方>

① 皮がついたままのしぶ柿を，おろしがねですりおろす（1個で4人分）。

② ガーゼでこして，小皿に液をつくる。

③ 筆につけて布に模様を描いてもよいし，簡単なもので版をつくって，押して模様をつけてもよい。

④ 日光にあてて乾燥させる。日がたつほど重合し，うす茶色からこげ茶色になり，堅牢になり，洗っても色落ちしない。1年たつとさらに濃くなる。　　（西沢すみ子）

───── 指導事例・作品などを提供いただいた学校，指導者 ─────

　☆指導事例

大阪府富田林市立新堂小学校・大崎弘子

　　　　　　　　　　　　　　中井光世

　　　　　　　　　　　　　　坂本優子

　　　　　　　　　　　　　　廣田かおる

大阪府大阪市立喜連西小学校・河田英子

　　　　　　　　　　　　　　足立知佐登

　☆作品

大阪府高槻市立阿武山小学校

大阪府富田林市立新堂小学校

大阪府大阪市立喜連西小学校

大阪府高槻市今村学園　高槻幼稚園

●監修者紹介

栗岡英之助
元・大阪教育大学教授
1998年　逝去
著書：『図工指導の疑問これですっきり』（黎明書房，1988年）
　　　『図工科の自由研究ヒント集』（黎明書房，1991年）他多数

●編著者紹介

美教協 表現教育研究所（ひょうげんきょういく　けんきゅうじょ）

　深田岩男（ふかだ　いわお）
　　　美教協 表現教育研究所代表，大阪教育大学非常勤講師

　狩場和子（かりば　かずこ）
　　　美教協 表現教育研究所委員

　西沢すみ子（にしざわ　すみこ）
　　　美教協 表現教育研究所委員

　加藤克弘（かとう　かつひろ）
　　　美教協 表現教育研究所委員

　鷲江芙美子（わしえ　ふみこ）
　　　美教協 表現教育研究所委員

　平野育子（ひらの　いくこ）
　　　美教協 表現教育研究所委員

本文イラスト　岡崎園子

小学校低学年の絵の指導

2007年11月30日　初版発行

監　修　者　栗　岡　英　之　助
編　著　者　表　現　教　育　研　究　所
発　行　者　武　馬　久　仁　裕
印　　　刷
製　　　本　㈱　太　洋　社

発　行　所　株式会社　黎　明　書　房

〒460-0002　名古屋市中区丸の内3-6-27 EBSビル
　　振替・00880-1-59001　☎052-962-3045　FAX 052-951-9065
〒101-0051　東京連絡所・千代田区神田神保町1-32-2
　　　　　　南部ビル302号　☎03-3268-3470

落丁本・乱丁本はお取替します　　ISBN978-4-654-01790-4
© Hyogen Kyoiku Kenkyujo 2007, Printed in Japan

人気教師の体育・図工の仕事術46

Ａ５・103頁　1700円

松本格之祐・宮坂元裕著　簡単で効果的な授業の技を，各23ずつ紹介。楽しく持久走／あたたかい色，さむい色の表し方を学ぼう／他。

描画のための色彩指導
入門編　付・色彩演習用カラーチャート

Ｂ５変型・113頁　5800円

芸術教育研究所編　画材の性質・使い方・混色の方法，色彩の基礎知識など，実際の指導に対応させて，オールカラーで紹介。

描画のための色彩指導
実技指導編

Ｂ５変型・127頁　5825円

芸術教育研究所編　好評の入門編に続き，色彩を効果的に生かした，幼児から中学生までの描画指導を体系的・科学的に解説。

原色　よい絵・よくない絵事典
幼児画・児童画の見方，導き方

Ｂ５・216頁　8800円

創造美育協会愛知支部編　よい絵・よくない絵，子どもの絵と性格，子どもの絵の特質など，480枚におよぶ子どもの作品を通して解説。

美術による人間形成
創造的発達と精神的成長

Ａ５・654頁　11000円

Ｖ.ローウェンフェルド著　竹内清・堀ノ内敏・武井勝雄訳　児童の発達段階に即した実践的，体系的な指導書。

チィゼックの美術教育

Ａ５・301頁　5700円

Ｗ.ヴィオラ著　久保貞次郎・深田尚彦訳　児童美術教育の世界に徹底した自由主義を打ち立てた，教育的天才の全体像を語る。

小学校の壁面構成12カ月
四季の自然・年中行事・特別教室

Ｂ５・96頁　2200円

北山緑著　愛鳥週間，虫歯予防デーなどの行事や，保健室，図書室，音楽室ほか，特別教室の壁面構成をカラーで紹介。一部型紙付き。

教室環境デザイン12カ月〈全２巻〉
〔４月～９月〕〔10月～３月〕

Ｂ５・94頁　各2200円

中村信子・柳深雪作　教室を飾る壁面構成，立体的な飾り，ディスプレイなどを，２巻に分けて，月別にカラーで紹介。一部型紙付き。

生きる力を育てる　３・４・５歳児の絵の指導
幼児の絵のとらえ方・導き方

Ｂ５・140頁　2800円

深田岩男・表現教育研究所編著　子どもの生活を見る目と感性・感情の働きを重視した，年齢別指導法を，作品例とともに紹介。新装版。

表示価格は本体価格です。別途消費税がかかります。